완자

공부력

KB129352

Q 왜 공부력을 키워야 할까요?

쓰기력

정확한 의사소통의 기본기이며 논리의 바탕

연필을 잡고 종이에 쓰는 것을 괴로워한다!
맞춤법을 몰라 정확한 쓰기를 못한다!
말은 잘하지만 조리 있게 쓰는 것이 어렵다!
그래서 글쓰기의 기본 규칙을 정확히 알고
써야 공부 능력이 향상됩니다.

어휘력

교과 내용 이해와 독해력의 기본 바탕

어휘를 몰라서 수학 문제를 못 푼다!
어휘를 몰라서 사회, 과학 내용 이해가 안 된다!
어휘를 몰라서 수업 내용을 따라가기 어렵다!
그래서 교과 내용 이해의 기본 바탕을
다지기 위해 어휘 학습을 해야 합니다.

독해력

모든 교과 실력 향상의 기본 바탕

글을 읽었지만 무슨 내용인지 모른다!
글을 읽고 이해하는 데 시간이 오래 걸린다!
읽어서 이해하는 공부 방식을 거부하려고 한다!
그래서 통합적 사고력의 바탕인 독해 공부로
교과 실력 향상의 기본기를 닦아야 합니다.

계산력

초등 수학의 핵심이자 기본 바탕

계산 과정의 실수가 잦다!
계산을 하긴 하는데 시간이 오래 걸린다!
계산은 하는데 계산 개념을 정확히 모른다!
그래서 계산 개념을 익히고 속도와 정확성을
높이기 위한 훈련을 통해 계산력을 키워야 합니다.

세상이 변해도
배움의 즐거움은
변함없도록

시대는 빠르게 변해도
배움의 즐거움은
변함없어야 하기에

어제의 비상은
남다른 교재부터
결이 다른 콘텐츠
전에 없던 교육 플랫폼까지

변함없는 혁신으로
교육 문화 환경의 새로운 전형을
실현해왔습니다.

비상은 오늘, 다시 한번
새로운 교육 문화 환경을 실현하기 위한
또 하나의 혁신을 시작합니다.

오늘의 내가 어제의 나를 초월하고
오늘의 교육이 어제의 교육을 초월하여
배움의 즐거움을 지속하는 혁신,

바로, 메타인지 기반 완전 학습을.

상상을 실현하는 교육 문화 기업 비상

메타인지 기반 완전 학습

초월을 뜻하는 meta와 생각을 뜻하는 인지가 결합한 메타인지는
자신이 알고 모르는 것을 스스로 구분하고 학습계획을 세우도록 하는
궁극의 학습 능력입니다. 비상의 메타인지 기반 완전 학습 시스템은
잠들어 있는 메타인지를 깨워 공부를 100% 내 것으로 만들도록 합니다.

한자 카드

카드를 활용하여 이 책에서 배운 한자와 어휘를 복습해 보세요.

※ 점선을 따라 뜯어요.

巨事

季節

起源

甘酒

粉乳

傾聽

包容

尊敬

#당신을 존경합니다
#주변 존경

討論

拒否

계절 계절 계 | 마디 절

사계(四季) | 하계(夏季)
관절(關節) | 시절(時節)

거사 클 거 | 일 사

거대(巨大) | 거장(巨匠)
기사(記事) | 사례(事例)

감주 달 감 | 술 주

감수(甘受) | 감초(甘草)
음주(飮酒) | 포도주(葡萄酒)

기원 일어날 기 | 근원 원

봉기(蜂起) | 기상(起牀)
자원(資源) | 원천(源泉)

경청 기울 경 | 들을 청

경사(傾斜) | 경향(傾向)
청중(聽衆) | 시청자(視聽者)

분유 가루 분 | 젖 유

분말(粉末) | 분식점(粉食店)
우유(牛乳) | 포유류(哺乳類)

존경 높을 존 | 공경 경

존칭(尊稱) | 자존심(自尊心)
경례(敬禮) | 공경(恭敬)

포용 쌀 포 | 얼굴 용

포함(包含) | 포장(包裝)
미용(美容) | 용모(容貌)

거부 막을 거 | 아닐 부

거절(拒絶) | 항거(抗拒)
부인(否認) | 부정적(否定的)

토론 칠/탐구할 토 | 의논할 론

검토(檢討) | 토벌(討伐)
결론(結論) | 언론(言論)

※ 점선을 따라 뜯어요.

設置

對稱

屈折

段階

推理

周圍

閑暇

混雜

簡略

刻印

대칭 대할 대 | 일컬을 칭

대화(對話) | 대비(對比)
애칭(愛稱) | 칭찬(稱讚)

설치 베풀 설 | 둘 치

설계(設計) | 설정(設定)
위치(位置) | 배치(配置)

단계 구분/수단 단 | 층계 계

문단(文段) | 수단(手段)
계층(階層) | 위계(位階)

굴절 굽을 굴 | 꺾을 절

굴곡(屈曲) | 굴복(屈服)
좌절(挫折) | 골절(骨折)

주위 두루 주 | 에워쌀 위

주변(周邊) | 원주율(圓周率)
분위기(雰圍氣) | 포위(包圍)

추리 밀 추 | 다스릴 리

추측(推測) | 추진(推進)
관리(管理) | 원리(原理)

혼잡 섞을 혼 | 섞일 잡

혼합(混合) | 혼용(混用)
잡곡(雜穀) | 복잡(複雜)

한가 한가할 한 | 틈/겨를 가

한적(閑寂) | 농한기(農閑期)
휴가(休暇) | 여가(餘暇)

각인 새길 각 | 도장 인

조각(彫刻) | 정각(正刻)
인쇄(印刷) | 인상(印象)

간략 간략할 간 | 간략할 략

간이(簡易) | 간편(簡便)
중략(中略) | 생략(省略)

ⓦ 완자

공부력

초등 전과목
한자 어휘 6A

초등 전과목 한자 어휘
5A-6B 구성

한자 학습

5A	假想 가상	創造 창조	革新 혁신	興味 흥미	斷絕 단절
	血統 혈통	官職 관직	逆境 역경	進退 진퇴	確保 확보
	神經 신경	指壓 지압	聲帶 성대	回復 회복	餘波 여파
	禁煙 금연	消防 소방	檢察 검찰	請求 청구	協助 협조
5B	探究 탐구	快適 쾌적	純眞 순진	虛勢 허세	誤解 오해
	試合 시합	應援 응원	呼吸 호흡	毒素 독소	蟲齒 충치
	非常 비상	暴雪 폭설	配布 배포	移送 이송	細密 세밀
	取得 취득	未滿 미만	貧富 빈부	收益 수익	增減 증감
6A	巨事 거사	季節 계절	起源 기원	甘酒 감주	粉乳 분유
	傾聽 경청	包容 포용	尊敬 존경	討論 토론	拒否 거부
	設置 설치	對稱 대칭	屈折 굴절	段階 단계	推理 추리
	周圍 주위	閑暇 한가	混雜 혼잡	簡略 간략	刻印 각인
6B	勤勞 근로	評判 평판	優勝 우승	專攻 전공	就任 취임
	看護 간호	負傷 부상	危險 위험	頭痛 두통	好轉 호전
	標準 표준	差異 차이	證券 증권	投資 투자	採點 채점
	支持 지지	依存 의존	苦難 고난	脫盡 탈진	歡喜 환희

중요 한자를 학습하고, 한자에서 파생된
전과목 교과서 어휘의 실력을 키워요!

교과서 어휘 학습

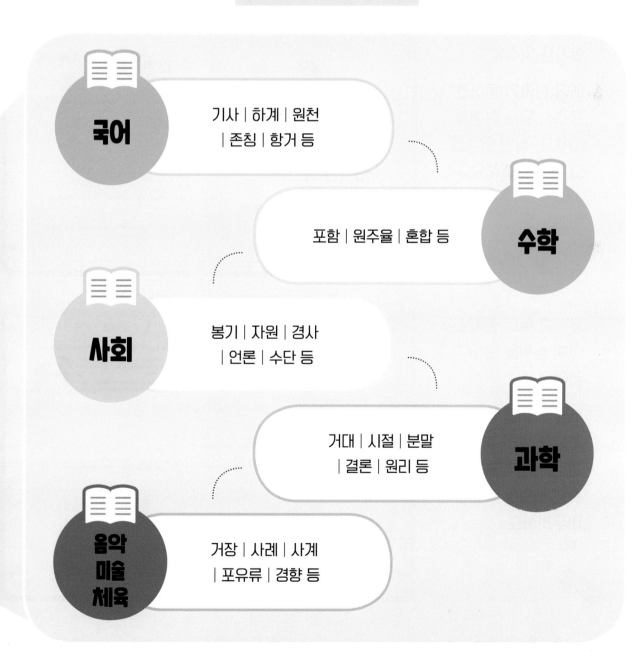

국어
기사 | 하계 | 원천
| 존칭 | 항거 등

수학
포함 | 원주율 | 혼합 등

사회
봉기 | 자원 | 경사
| 언론 | 수단 등

과학
거대 | 시절 | 분말
| 결론 | 원리 등

**음악
미술
체육**
거장 | 사례 | 사계
| 포유류 | 경향 등

특징과 활용법

하루 4쪽 공부하기

✳ 그림과 간단한
설명으로 오늘 배울
한자를 익혀요.

✳ 해당 한자가 들어간
교과서 필수 어휘를
배우고, 확인 문제로
그 뜻을 이해해요.

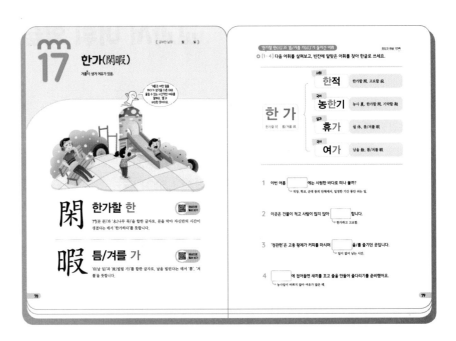

✳ 문제를 풀며 한자와
어휘 실력을 모두
잡아요.

✳ 배운 어휘를 직접
사용해 보며 표현력을
기르고, 한자를
쓰면서 오늘 학습을
마무리해요.

✅ 책으로 하루 4쪽 공부하며, 초등 어휘력을 키워요!

✅ 모바일앱으로 공부한 내용을 복습하고 몬스터를 잡아요!

공부한 내용 확인하기

✳ 5일 동안 배운 한자가 포함된
  글을 읽고, 문제를 풀면서 독해력을
  키워요. 💡

✳ 중요 한자성어를 실생활에서 사용할
  수 있도록 배워요.

✳ 다양한 어휘 놀이로 5일 동안 배운
  어휘를 재미있게 정리해요.

모바일앱으로 복습하기

앱 다운받기

책 인증하기

✳ 그날 배운 내용을 바로바로,
  또는 주말에 모아서 복습하고,
  다이아몬드 획득까지! 💎
  공부가 저절로 즐거워져요!

차례

한 친구가
작은 습관을 만들었어요.

매일매일의 시간이 흘러
작은 습관은 큰 습관이 되었어요.

큰 습관이 지금은 그 친구를 이끌고
있어요. 매일매일의 좋은 습관은
우리를 좋은 곳으로 이끌어 줄 거예요.

**우리도
하루 4쪽 공부 습관!
스스로 공부하는 힘을
키워 볼까요?**

거사(巨事)

매우 거창한 일.

巨 클 거

영상으로
필순 보기

옛날 목공들이 쓰던 '커다란 자'를 본뜬 모양으로, '크다', '많다'를 뜻합니다.

事 일 사

영상으로
필순 보기

신에게 제사를 지내는 도구를 손에 든 것을 본뜬 모양으로, '일', '섬기다'를 뜻합니다.

○ [1~4] 다음 어휘를 살펴보고, 빈칸에 알맞은 어휘를 찾아 한글로 쓰세요.

과학
거대 클巨, 큰大

미술
거장 클巨, 장인匠

거 사
클巨 일事

국어
기사 기록할記, 일事

실과
사례 일事, 법식例

1 마티스는 20세기 현대 미술의 [   ]입니다.

↳ 어느 일정 분야에서 특히 뛰어난 사람.

2 친환경 농업의 실천 [   ]을/를 조사해 봅시다.

↳ 어떤 일이 전에 실제로 일어난 예.

3 자연사 박물관에서는 옛날에 살았던 [   ]한 동물의 뼈를 볼 수 있습니다.

↳ 엄청나게 큼.

4 근거를 설명할 때 책, 신문 [   ], 통계 등 다양한 자료를 예로 들 수 있어요.

↳ 신문이나 잡지 등에서, 어떠한 사실을 알리는 글.

1 밑줄 친 어휘의 뜻으로 알맞은 것에 ◯표를 하세요.

1 결혼식이라는 <u>거사</u>를 앞두고 있으니 건강에 유의하거라.
　↳ 매우 (거창한 | 소소한) 일.

2 세계적인 <u>거장</u>으로 인정받는 김 감독은 이번 영화도 흥행을 장담했다.
　↳ 어느 일정 분야에서 특히 (뛰어난 | 인기 있는) 사람.

2 밑줄 친 어휘와 바꾸어 쓸 수 있는 어휘에 ✔표를 하세요.

> 미술관 앞에는 <u>거대</u> 조형물이 설치되었습니다.

　[ ] 고대　　　[ ] 대상　　　[ ] 대형　　　[ ] 현대

3 '사(事)' 자를 넣어, 빈칸에 공통으로 들어갈 어휘를 쓰세요.

> '여념'은 주로 '없다'와 함께 쓰여서, 어떤 일에 대하여 생각하느라고 다른 생각을 할 틈이 없다는 의미를 나타내.

> • 오늘 신문에는 비 피해와 관련한 [　　　]이/가 많았습니다.
>
> • 박 기자는 신문사로 보낼 [　　　]을/를 작성하느라 여념*이 없었습니다.

[🖉 　　　]

4 '사례'의 의미가 나머지와 <u>다른</u> 문장의 기호를 쓰세요.

> ㉠ 민희는 구체적인 <u>사례</u>를 들어 주장을 펼쳤습니다.
>
> ㉡ 나는 귀중품을 찾아 준 분에게 <u>사례</u>의 표시를 했습니다.
>
> ㉢ 요즘 유행하는 '줄임말'은 우리말을 훼손하는 대표적인 <u>사례</u>입니다.

[🖉 　　　]

글 쓰며 **표현**力 높여요

○ '클 거(巨)'나 '일 사(事)'가 들어가는 어휘를 넣어서 글을 써 보세요.

난 ○○ 잡지의 기자예요. 세계 음악 경연에서 우리나라의 피아노 연주자인 장천재가 1위를 수상했어요! 독자에게 장천재의 뛰어난 피아노 실력을 소개하는 글을 써 보세요.

도움말 거사, 거대, 거장, 거인 등에 '클 거(巨)'가 들어가요.
기사, 사례, 매사, 사물 등에 '일 사(事)'가 들어가요.

예 세계 음악 경연에서 우리나라 연주자가 1위를 수상한 사례는 처음이다. 장천재는 우리나라 피아노계의 거장이라고 해도 과언이 아닐 것이다. 거대한 파도가 몰아치는 듯한 장천재의 연주는 기사 아래에 첨부된 QR코드로 감상할 수 있다.

따라 쓰며 **한자**力 완성해요

巨	事				
클 거	일 사				

오늘의 학습을 평가해 보아요. 😟 부족함 😐 보통임 😊 잘함

03 02 계절(季節)

규칙적으로 되풀이되는 자연 현상에 따라서 일 년을 구분한 것.

季 계절 계

영상으로
필순 보기

'禾(벼 화)'와 '子(아들 자)'를 합해 '덜 자란 어린 벼'의 모습을 나타내며, 본래의 의미가 바뀌어 '계절'을 뜻합니다.

節 마디 절

영상으로
필순 보기

'竹(대나무 죽)'과 '卽(곧 즉)'을 합해 '대나무의 마디'를 의미하며, '마디', 또는 '시기', '명절'을 뜻합니다.

○ **[1~4]** 예문을 보고, 어휘의 알맞은 뜻을 찾아 ✓표를 하세요.

음악

사 계

넷 四 　계절 季

비발디는 **사계**의 변화를 묘사한 음악을 작곡했습니다.

↳ **1** ✓ 봄·여름·가을·겨울의 네 철.

☐ 계절마다 달라지는 네 가지 계획.

국어

하 계

여름 夏 　계절 季

이 책에서 **하계** 올림픽에 출전한 체조 선수들이 꿈을 향해 도전한 이야기를 읽고 배울 점을 생각해 봅시다.

↳ **2** ☐ 여름의 시기.

☐ 낮은 곳의 위치.

실과

관 절

관계할 關 　마디 節

로봇의 동작 장치는 사람의 **관절**, 근육과 비슷한 역할을 합니다.

↳ **3** ☐ 몸을 지탱하는 단단한 물질.

☐ 뼈와 뼈가 서로 맞닿아 연결되어 있는 곳.

과학

시 절

때 時 　마디 節

공룡이 지배하던 **시절**인 9,000만 년 전에는 놀랍게도 남극이 따뜻했고, 숲이 있었다는 사실이 밝혀졌습니다.

↳ **4** ☐ 일정한 시기나 때.

☐ 일정한 위치나 지점.

'시절'은 '규칙적으로 되풀이되는 자연 현상에 따라서 일년을 구분한 것.', '철에 따르는 날씨.' 등의 뜻으로도 쓰여.

1 '계(季)' 자를 넣어, 빈칸에 알맞은 어휘를 각각 쓰세요.

> 추운 겨울이 가고, 만물이 소생하는 **1** [　　　　] 인 따뜻한 봄이 돌아왔습니다. 우리나라는 봄, 여름, 가을, 겨울의 네 철인 **2** [　　　　] 이/가 뚜렷하여 여러 환경을 느낄 수 있습니다.

2 밑줄 친 어휘의 각 글자에 해당하는 한자에 ✔표를 하세요.

> 이 선수는 작년 하계 대회에서 동메달을 수상하였습니다.

| **1** 하 | ☐ 아래 하(下) | ☐ 물 하(河) | ☐ 여름 하(夏) |

| **2** 계 | ☐ 셀 계(計) | ☐ 계절 계(季) | ☐ 맺을 계(契) |

3 밑줄 친 어휘에 '마디 절(節)'이 쓰인 문장에 ✔표를 하세요.

☐ 이 기사는 사람들이 기절할 만한 소식이다.

☐ 몸을 웅크리고 잠을 잤더니 관절이 쿡쿡 쑤신다.

☐ 나는 친구의 간절한 부탁을 차마 거절할 수가 없었다.

4 밑줄 친 어휘가 문장에서 쓰인 뜻을 선으로 이으세요.

| **1** 시절이 좋아서 농가 대부분이 큰 수확을 거두었다. | • | • ㉠ | 일정한 시기나 때. |

| **2** 어떤 때는 어린 시절로 돌아가고 싶은 기분이 듭니다. | • | • ㉡ | 철에 따르는 날씨. |

○ '계절 계(季)'나 '마디 절(節)'이 들어가는 어휘를 넣어서 글을 써 보세요.

우리나라를 대표하는 운동선수가 되어 올림픽에 출전하게 되었어요. 그런데 이번 국가 대표 선수들을 취재하겠다는 기자 분이 찾아오셨어요. 기자에게 나를 소개하고, 올림픽을 준비하는 마음가짐을 말해 보세요.

도움말 계절, 사계, 하계, 동계 등에 '계절 계(季)'가 들어가요.
관절, 시절, 절기, 사계절 등에 '마디 절(節)'이 들어가요.

예 저는 동계 올림픽을 준비하고 있는 피겨 스케이팅 선수 이아율입니다. 저는 어린 시절부터 사계절 내내 연습장에서 보냈고, 계절이 바뀌는 것도 모를 만큼 연습에 매진했어요. 이제 그 꿈을 이룰 차례입니다. 모두 응원해 주세요!

따라 쓰며 **한자** 力 완성해요

季	節			
계절 계	마디 절			

오늘의 학습을 평가해 보아요. 😟 부족함 😐 보통임 😊 잘함

03

기원(起源)

사물이 처음으로 생김. 또는 그런 근원.

起 일어날 기

영상으로
필순 보기

뜻을 나타내는 '走(달릴 주)'와 음을 나타내는 '己(몸 기)'가 합하여, 달리기 위해 일어난다는 데서 '일어나다', '(일을)시작하다'를 뜻합니다.

源 근원 원

영상으로
필순 보기

'氵(水, 물 수)'와 '原(근원 원)'이 합한 글자로, 물줄기가 시작되는 발원지라는 데서 '근원'을 뜻합니다.

◎ **[1~4]** 다음 어휘를 살펴보고, 빈칸에 알맞은 어휘를 찾아 한글로 쓰세요.

기 원	사회 **봉기**	벌 蜂, 일어날 起
일어날 起 근원 源	**기상**	일어날 起, 평상 牀
	사회 **자원**	재물 資, 근원 源
	국어 **원천**	근원 源, 샘 泉

1 하루 일과는 아침 6시 반 [   ](으)로 시작된다.

  ↳ 잠자리에서 일어남.

2 특히 로봇 개발에 필요한 [   ] 기술에 더 집중해야 합니다.

  ↳ ① 사물의 근원. ② 물이 흘러나오는 근원.

3 동학 농민들은 [   ]을/를 일으켜 관리들의 수탈[*]에 저항하였습니다.

  ↳ 벌 떼처럼 떼 지어 세차게 일어남.

  '수탈'은 강제로 빼앗는 것을 말해.

4 [   ]을/를 절약하고 환경 오염을 줄여 지속 가능한 미래를 이룰 수 있다.

  ↳ 인간 생활 및 경제 생산에 이용되는 원료, 노동력, 기술 등을 통틀어 이르는 말.

1 밑줄 친 '기' 자의 공통된 뜻을 고르세요.

> • **봉기**: 벌 떼처럼 떼 지어 세차게 일어남.
> • **환기**: 주의나 여론, 생각 따위를 불러일으킴.

① 가라앉다   ② 올라가다   ③ 뒤섞이다   ④ 일어나다   ⑤ 사라지다

2 밑줄 친 어휘와 뜻이 반대인 어휘에 ✔표를 하세요.

> 유빈이는 아침 기상 시간만은 꼭 지켜야겠다고 다짐하였습니다.

☐ 기침   ☐ 방침   ☐ 취침

3 '원(源)' 자를 넣어, 밑줄 친 곳에 공통으로 들어갈 어휘를 쓰세요.

> • _____의 사용량을 줄이면 쓰레기의 양도 줄일 수 있다.
> • 이곳은 광물, 산림과 같은 천연_____을/를 비롯하여 노동력 등의 인적 _____도 풍부하다.

[✎   ]

4 밑줄 친 어휘와 바꾸어 쓸 수 <u>없는</u> 어휘에 ✔표를 하세요.

> • 언어나 문자는 모든 문화 발전의 원천이 됩니다.
> • 제 에너지의 원천은 가족들의 응원과 사랑입니다.

☐ 바탕   ☐ 근원   ☐ 결실   ☐ 뿌리

○ '일어날 기(起)'나 '근원 원(源)'이 들어가는 어휘를 넣어서 글을 써 보세요.

민하의 취미는 아침 일찍 산에 올라가는 것이에요. 이 이야기를 하면 친구들은 깜짝 놀라며 "힘들지도 않아?"라고 말해요. 산에 오르면 어떤 점이 좋은지 친구들에게 이야기해 보세요.

도움말 기원, 기상, 기립 등에 '일어날 기(起)'가 들어가요.
자원, 원천, 근원 등에 '근원 원(源)'이 들어가요.

예 아침 일찍 기상하는 것은 힘들지만, 풀과 나무, 흙과 바위가 어우러진 자연 속에 있으면 나를 되돌아볼 수 있어. 내려올 때 약수터에서 마시는 물은 어찌나 시원한지! 사 먹는 물과는 근원부터 다르다니까.

따라 쓰며 **한자** 力 완성해요

起	源				
일어날 기	근원 원				

오늘의 학습을 평가해 보아요. 😞 부족함 😐 보통임 😊 잘함

19

04 감주(甘酒)

엿기름을 우린 물에 밥알을 넣어 식혜처럼 삭혀서 끓인 음식.

'감주'는 단술이라고도 해요. 요즈음은 식혜를 감주라고 부르기도 하지요.

甘 달 감

'ロ(입 구)'에 획을 하나 그어 입 안에 음식이 있음을 표현한 글자로, '달다', '만족하다'를 뜻합니다.

酒 술 주

술을 담는 술병의 모양을 그린 '酉(닭 유)'에 '氵(水, 물 수)'를 덧붙인 글자로, '술'을 뜻합니다.

○ [1~4] 다음 어휘를 살펴보고, 빈칸에 알맞은 어휘를 찾아 한글로 쓰세요.

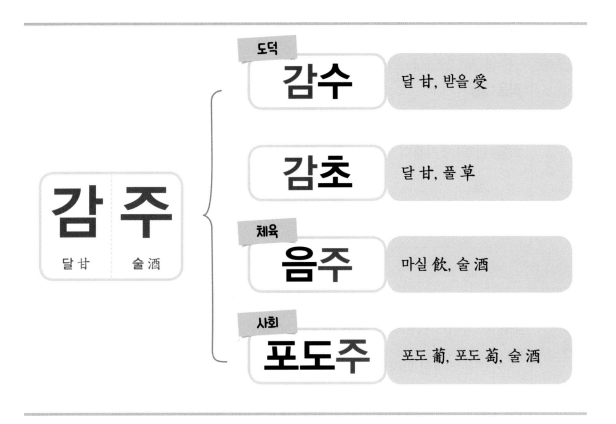

1 칠레의 온대 기후 지역에서는 [   ]를 생산합니다.

↳ 포도를 원료로 하여 담근 술.

2 할머니는 [   ]를 넣어 달인 한약을 매일 드십니다.

↳ 콩과의 여러해살이풀. 단맛이 나는 뿌리를 먹거나 약으로 쓴다.

3 [   ]가 우리 몸에 끼치는 피해와 위험성을 알고 이를 예방해 봅시다.

↳ 술을 마심.

4 사람들은 불편함을 [   ]하고 우체통 속에 둥지를 튼 새를 보호했습니다.

↳ 책망이나 괴로움 등을 달갑게 받아들임.

1 '달 감(甘)'을 넣어, 빈칸에 들어갈 어휘를 각각 쓰세요.

희윤: **1** [   ] 이/가 정말 달다. 어떻게 이런 맛을 낼까?

태석: 엿기름을 우린 물에 밥알을 넣고 삭혀서 끓이면 그렇대.

희윤: 아하! 엿기름이 단맛을 내는 역할을 했구나. 한약을 달일 때 단맛을 내는 풀인

2 [   ] 을/를 넣고 끓이는 것처럼 말이야.

태석: 우아. 그럼 한약도 맛있게 먹을 수 있겠다.

2 '감수'의 의미가 나머지와 다른 문장에 ✔표를 하세요.

[ ] 이 책은 저명한 학자의 <u>감수</u>를 받은 것입니다.

[ ] 자전거를 배울 때 여러 번 넘어지는 것은 <u>감수</u>해야 합니다.

[ ] 지금껏 많은 고통을 <u>감수</u>한 결과, 오늘날의 성공을 이룰 수 있었습니다.

3 다음 어휘의 빈칸에 공통으로 들어갈 한자를 고르세요.

안[ ]: 술을 마실 때에 곁들여 먹는 음식.

[ ]막: 시골 길가에서 밥과 술을 파는 집.

약[ ]: 약으로 마시는 술.

① 낮 주(晝)　② 밥 식(食)　③ 술 주(酒)　④ 물 수(水)　⑤ 풀 초(草)

4 밑줄 친 곳에 공통으로 들어갈 어휘에 ○표를 하세요.

_____ 하셨나요? 단 한 잔이라도 마셨다면 차는 두고 가세요!

'_____ 운전'은 실수가 아닌 범죄 행위입니다.

음료　　　음주　　　음성　　　음미

○ '달 감(甘)'이나 '술 주(酒)'가 들어가는 어휘를 넣어서 글을 써 보세요.

할아버지는 술을 자주 드세요. 즐거운 일이 있을 때 한 잔, 맛있는 음식이 있을 때 두 잔, 입맛 없는 날에는 세 잔…….

할아버지의 건강이 너무 걱정됩니다. 할아버지가 술을 줄이시기를 바라는 마음을 담은 편지를 써 보세요.

도움말 감주, 감수, 감초 등에 '달 감(甘)'이 들어가요.
음주, 포도주, 약주, 안주 등에 '술 주(酒)'가 들어가요.

예 할아버지, 요즘도 음주를 자주 하시나요? 할아버지께서는 약주라고 하시지만, 그래도 술을 자꾸 드시는 것은 건강에 좋지 않아요. 술을 참는 힘겨움을 잠깐 감수하시면, 훨씬 더 건강해지실 거예요!

따라 쓰며 **한자**力 완성해요

甘	酒			
달 감	술 주			

오늘의 학습을 평가해 보아요. 😟 부족함 😐 보통임 😊 잘함

분유(粉乳)

우유를 가루로 만든 것.

粉 가루 분

영상으로
필순 보기

뜻을 나타내는 '米(쌀 미)'와 음을 나타내는 '分(나눌 분)'을 합한 글자로, 쌀을 찧어 가루를 만든다는 데서 '가루'를 뜻합니다.

乳 젖 유

영상으로
필순 보기

어머니가 아이에게 젖을 먹이는 모습을 나타낸 글자로, '젖'이나 '젖을 먹이다'를 뜻합니다.

◎ **[1~4]** 다음 어휘를 살펴보고, 빈칸에 알맞은 어휘를 찾아 한글로 쓰세요.

과학
분말 가루 粉, 끝 末

사회
분식점 가루 粉, 먹을 食, 가게 店

실과
우유 소 牛, 젖 乳

실과
포유류 먹일 哺, 젖 乳, 무리 類

분 유
가루 粉   젖 乳

---

1 ◻◻◻ 주스를 물에 넣으면 어떻게 될까요?

↳ 딱딱한 물건을 보드라울 정도로 잘게 부수거나 갈아서 만든 것.

2 ◻◻◻ 은/는 자주 먹는 식품이므로 냉장고 문 쪽에 보관합니다.

↳ 소의 젖이나 그것을 살균하여 만든 음료.

3 ◻◻◻ 에 해당하는 동물은 고양이, 개, 다람쥐 등이 있습니다.

↳ 척추동물의 한 종류로, 주로 젖을 먹여 새끼를 키우는 동물.

4 친구들과 ◻◻◻ 에서 다수결로 음식을 정하여 주문했습니다.

↳ 밀가루로 만든 음식이나 간단하게 먹을 수 있는 음식을 파는 가게.

1 빈칸에 공통으로 들어갈 글자를 쓰세요.

> • 아기가 있는 여성이 사용하도록 수 ☐ ☐ 실 을 공원 곳곳에 설치했습니다.
>
> • 신생아는 분 ☐ 나, 엄마의 젖인 모 ☐ 을/를 먹어 영양분을 얻습니다.

[✎   ]

2 밑줄 친 내용을 참고하여, 빈칸에 들어갈 어휘를 고르세요.

> 다영: 고래는 바다에 살지만 ☐ 에 속해.
>
> 민찬: 맞아. 고래는 육지에 사는 소, 말처럼 뱃속의 새끼에게 탯줄을 통해 필요한 영양분을 공급하다가, 새끼가 어느 정도 자라면 출산해서 <u>젖을 먹여 키운대</u>.

① 조류(鳥類)　　　② 어류(魚類)　　　③ 포유류(哺乳類)

④ 양서류(兩棲類)　　　⑤ 파충류(爬蟲類)

3 빈칸에 들어갈 어휘를 **보기**에서 골라 쓰세요.

> **보기**
>
> 우유(牛乳)　　　분식(粉食)

1 점심에 뭐 먹을까? 떡볶이나 라면과 같이 간단한 ☐ 은/는 어때?

2 이곳 농가에서는 젖소를 키워 유제품 회사에 ☐ 을/를 공급하고 있다.

4 밑줄 친 어휘와 바꾸어 쓸 수 있는 어휘에 ✔표를 하세요.

> 약사가 알약을 곱게 빻아 미세한 <u>가루</u>로 만들었다.

☐ 분수　　　☐ 분말　　　☐ 분산

○ '가루 분(粉)'이나 '젖 유(乳)'가 들어가는 어휘를 넣어서 글을 써 보세요.

무더운 여름, 더위를 물리치는 음식을 동생과 만들 거예요.
아래의 빙수 만드는 과정을 동생에게 설명해 주세요.
우유나 얼음을 얼린 후, 잘게 갈아서 그릇에 담는다.
→ 여러 가지 재료를 올린다. → 연유를 뿌린다.

도움말 분말, 분식점, 분쇄 등에 '가루 분(粉)'이 들어가요.
분유, 우유, 연유 등에 '젖 유(乳)'가 들어가요.

예 분식점에서 파는 빙수는 집에서도 간단히 만들 수 있어. 미리 얼려 둔 얼음이나 우유를 잘게 분쇄한 뒤 그 위에 팥이나 과일, 떡, 미숫가루 등의 재료를 올리는 거야. 그런 다음 연유나 우유를 끼얹으면 완성! 쉽지?

따라 쓰며 **한자 力** 완성해요

粉	乳				
가루	분	젖	유		

오늘의 학습을 평가해 보아요. ☹ 부족함 😐 보통임 😊 잘함

정답과 해설 109쪽

1~2 다음 글을 읽고, 물음에 답하세요.

> 김치는 소금에 절인 배추나 무를 양념에 버무린 뒤 발효시킨 우리 고유의 음식으로, 한국인의 식탁에서 감초(甘草)와 같은 역할을 한다. 김치의 기원(起源)은 채소를 소금에 절여 장기 보관한 형태의 음식으로 추측된다. 우리 민족은 계절(季節)이나 지역에 따라 다양한 재료나 형태로 김치를 담갔는데, 요즘은 분말(粉末) 형태로 된 김치 양념이 개발되어 간편하게 김치를 담글 수도 있게 되었다.
>
> 김치는 우리 몸을 건강하게 해 준다. 전염병이 유행했던 시절(時節), 김치가 건강 음식으로 주목을 받게 되자 각종 기사(記事)가 쏟아졌는데, 일부에서는 김치의 효능을 부정하기도 하였다. 그러나 2017년 영국의 유명한 일간지가 5대 슈퍼 푸드에 김치를 포함하였다. 이는 김치에 포함된 항산화 물질이 면역력 증진에 도움이 된다는 사실을 인정한 대표적인 사례(事例)로 볼 수 있다.

1 이 글의 중심 내용을 파악하여, 빈칸에 들어갈 어휘를 쓰세요.

김치의 ☐☐ 와/과 효능

2 '김치'에 대한 설명으로 알맞지 <u>않은</u> 것을 고르세요.

① 계절이나 지역에 따라 다양한 재료를 활용한다.
② 면역력 증진에 도움이 되는 항산화 물질을 포함하고 있다.
③ 요즘은 가루 형태로 된 양념이 개발되어 더 간편하게 담글 수 있다.
④ 한국인의 식탁에서 감초와 같은 역할을 하는 우리 고유의 음식이다.
⑤ 소금에 절인 채소를 짧은 기간 보관한 형태의 음식에서 시작되었다.

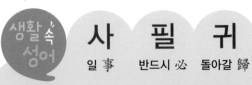 **사 필 귀 정**
일 事　반드시 必　돌아갈 歸　바를 正

모든 일은 반드시 바른 데로 돌아간다는 뜻입니다. 때로는 '바르지 않은 것'이 우세처럼 보이지만, 결국 모든 일은 반드시 '바르게' 돌아가게 되지요. 그러니 항상 양심에 비추어 부끄럽지 않게 살아야 합니다.

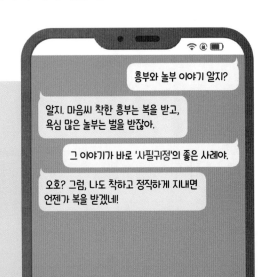

28

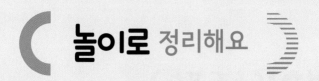

놀이로 정리해요

정답과 해설 109쪽

○ 쪽지를 읽고 친구 집에 가기 위해 타야 할 버스 번호를 맞혀 보세요.

안녕? 친구야! 우리 집에 올 때 타야 할 버스 번호가 궁금하지?
아래 뜻풀이에 해당하는 어휘를 1~0이 적힌 카드에서 찾아봐. 카드의
숫자를 순서대로 나열하면 버스 번호를 알 수 있을 거야.
10분 뒤에 버스가 도착할 예정이야. 시간이 얼마 남지 않았으니 서둘러!
그럼 이따가 우리 집에서 보자~^^

첫 번째 번호	엄청나게 큼.
두 번째 번호	일정한 시기나 때.
세 번째 번호	① 사물의 근원. ② 물이 흘러나오는 근원.
네 번째 번호	규칙적으로 되풀이되는 자연 현상에 따라서 일 년을 구분한 것.

1 원천 (源泉)	2 시절 (時節)	3 사례 (事例)	4 거대 (巨大)	5 분유 (粉乳)
6 계절 (季節)	7 기상 (起牀)	8 감주 (甘酒)	9 기원 (起源)	0 관절 (關節)

06

경청(傾聽)

귀를 기울여 들음.

傾 기울 경

영상으로
필순 보기

'亻(人, 사람 인)'과 '머리를 기울이다'를 뜻하는 '頃(잠깐 경)'을 합한 글자로, '기울다', '기울어지다'를 뜻합니다.

聽 들을 청

영상으로
필순 보기

귀[耳(귀 이)]를 내밀고[壬(드릴 정)] 반듯한 마음[悳(덕 덕)]으로 잘 듣는 모습을 의미하는 글자로, '듣다', '들어주다'를 뜻합니다.

정답과 해설 110쪽

[1~4] 예문을 보고, 어휘의 알맞은 뜻을 찾아 ✔표를 하세요.

사회

경 사

기울 傾 비낄 斜

지도에서 등고선의 간격이 좁은 곳은 **경사**가 급하고, 간격이 넓은 곳은 경사가 완만합니다.

1 ☐ 축하할 만한 기쁜 일.

✔ 비스듬히 기울어짐. 또는 그런 상태나 정도.

미술

경 향

기울 傾 향할 向

추상표현주의 이후, 미술계는 팝아트를 비롯하여 여러 **경향**의 작품들이 등장했습니다.

2 ☐ 귀를 기울여 열심히 들음.

☐ 현상이나 사상, 행동 등이 어떤 방향으로 기울어짐.

음악

청 중

들을 聽 무리 衆

찾아가는 음악회를 통해 연주자, **청중** 모두 행복한 감정을 느끼게 되었습니다.

3 ☐ 여러 사람에게 강연이나 설교를 하는 무리.

☐ 강연이나 설교, 음악 등을 듣기 위하여 모인 사람들.

국어

시 청 자

볼 視 들을 聽 사람 者

뉴스 원고를 쓸 때는 뉴스로서 가치 있는 내용인지, **시청자**가 관심을 가지도록 뉴스 원고를 구성했는지 살펴야 합니다.

4 ☐ 텔레비전의 방송 프로그램을 시청하는 사람.

☐ 지방 행정 구역에서 주로 사무를 맡아보는 사람.

1 밑줄 친 어휘의 뜻으로 알맞은 것에 ○표를 하세요.

> 다른 사람이 의견을 말할 때에는 <u>경청</u>하는 자세를 가져야 합니다.
>
> ↳ (귀를 기울여 | 지나치듯이 가볍게) 들음.

2 '기울 경(傾)'을 넣어, 빈칸에 들어갈 어휘를 쓰세요.

1 그 산은 [   ]이/가 급해서 오르기가 힘듭니다.

2 그는 화가 나면 말수가 적어지는 [   ]이/가 있습니다.

3 밑줄 친 '청(聽)' 자의 공통된 뜻을 고르세요.

> • <u>청</u>강(聽講): 강의를 들음.
> • <u>청</u>각(聽覺): 소리를 느끼는 감각.
> • 보<u>청</u>기(補聽器): 잘 들리지 않는 것을 보강하는 기구.

① 힘   ② 듣다   ③ 감각   ④ 느끼다   ⑤ 소리 내다

4 '들을 청(聽)'을 넣어, 밑줄 친 곳에 들어갈 어휘를 각각 쓰세요.

> 유미: 정말 멋진 공연이었지? 모두 일어나서 박수를 치는 것을 보니 **1** _____ 들도 감격한 것 같았어.
>
> 경환: 유미야. 그건 텔레비전의 방송 프로그램을 보는 사람을 의미하는 말이야. 우리는 텔레비전이 아닌 공연을 봤으니까, **2** _____ (이)라고 말해야 해.

'기울 경(傾)'이나 '들을 청(聽)'이 들어가는 어휘를 넣어서 글을 써 보세요.

여러분은 초등학교 교과서를 새로 만들기 위해, 여러 선생님과 회의에 참석했어요. 앞으로 학생들이 배울 교과서에 어떤 내용을 넣어야 할까요? 나의 의견을 자유롭게 발표해 보세요.

도움말 경청, 경향 등에 '기울 경(傾)'이 들어가요.
청중, 청각, 시청각 등에 '들을 청(聽)'이 들어가요.

예 요즘 학생들은 직접 보고, 듣는 자료를 많이 활용하는 경향이 있습니다. 따라서 교과서도 다양한 시청각 자료를 활용할 수 있도록 구성하면, 학생들이 더 재미있게 공부할 수 있을 것 같습니다.

따라 쓰며 **한자** 力 완성해요

傾	聽			
기울 경	들을 청			

오늘의 학습을 평가해 보아요. 😞 부족함 😐 보통임 😊 잘함

07 포용(包容)

남을 너그럽게 감싸 주거나 받아들임.

包 **쌀 포**

영상으로
필순 보기

'勹(쌀 포)'와 배 속에 아이가 있는 모양을 그린 '巳(뱀 사)'를 합한 글자로, 무언가를 둘러싼다는 뜻의 '싸다', '감싸다'라는 의미로 쓰입니다.

容 **얼굴 용**

영상으로
필순 보기

'宀(집 면)'과 '谷(골짜기 곡)'을 합한 글자로, 집이나 골짜기처럼 많은 것을 '담다', 또는 많은 것을 담은 '얼굴'을 뜻합니다.

○ **[1~4]** 다음 어휘를 살펴보고, 빈칸에 알맞은 어휘를 찾아 한글로 쓰세요.

포 용
쌀 包   얼굴 容

수학
포함
쌀 包, 머금을 含

실과
포장
쌀 包, 꾸밀 裝

사회
미용
아름다울 美, 얼굴 容

국어
용모
얼굴 容, 모양 貌

1 ☐☐☐☐ 되지 않은 길거리 음식은 주의해서 선택해요.

↳ 물건을 싸거나 꾸림. 또는 싸거나 꾸리는 데 쓰는 천이나 종이.

2 ☐☐☐☐ 실에서 머리카락을 자르는 것은 소비 활동에 해당합니다.

↳ ① 아름다운 얼굴. ② 아름답게 보이기 위해 얼굴, 머리카락 등을 다듬고 가꾸는 일.

3 카드를 잘 섞은 후, 본인을 ☐☐☐☐ 하여 친구들에게 카드를 5장씩 나누어 줍시다.

↳ 어떤 사물이나 현상 가운데 함께 들어 있거나 함께 넣음.

'화기'는 '온화한 기색. 또는
화목한 분위기.'를 뜻해.

4 우리의 ☐☐☐☐ 에서는 화기*가 빛나야 한다.   ─ 김구, 「내가 원하는 우리 나라」

↳ 사람의 얼굴 모양.

1 '용(容)' 자를 넣어, 밑줄 친 곳에 공통으로 들어갈 어휘를 쓰세요.

> 피부 _____에는 과일이나 채소를 자주 먹어 몸에 수분을 공급하는 것이 좋습니다. 또한 햇볕은 피부 노화를 일으키므로, 외출할 때에는 모자나 양산을 준비하는 것이 피부 _____에 효과적입니다.

[✎   ]

2 '쌀 포(包)'를 넣어, 빈칸에 들어갈 어휘를 쓰세요.

1 어머니는 하얀 종이로 [   ]한 상자를 꺼내셨습니다.

2 선생님은 오늘 수업한 내용까지 이번 시험 범위에 [   ]된다고 하셨습니다.

3 밑줄 친 부분과 바꾸어 쓸 수 있는 어휘에 ○표를 하세요.

1 나는 그의 얼굴 생김새를 찬찬히 살펴보았습니다.
　　↳ (눈썹을 | 용모를 | 표정을)

2 부모의 마음은 모든 것을 감싸는 넓은 바다와 같습니다.
　　↳ (희생하는 | 축복하는 | 포용하는)

4 밑줄 친 어휘가 문장에서 쓰인 뜻을 선으로 이으세요.

1 휴대전화의 저장 용량이 부족합니다. • | • ㉠ 물건을 담는 그릇.

2 일회용 용기 사용으로 쓰레기가 늘어납니다. • | • ㉡ 저장할 수 있는 정보의 양.

글 쓰며 **표현**力 높여요

○ '쌀 포(包)'나 '얼굴 용(容)'이 들어가는 어휘를 넣어서 글을 써 보세요.

우리 반 친구들의 장점을 떠올려 보세요. 손재주가 있는 친구, 다른 친구의 이야기를 잘 듣는 친구, 용모를 단정하게 가꾸는 친구 등……. 친구에게 내가 배우고 싶은 점과 그 이유를 함께 써 보세요.

> **도움말** 포용, 포함, 포장 등에 '쌀 포(包)'가 들어가요.
> 미용, 용모, 수용 등에 '얼굴 용(容)'이 들어가요.

예 손재주가 있는 친구의 능력을 배우고 싶어요. 직접 만든 선물을 예쁘게 포장해서 부모님께 드리고 싶거든요. 이 친구는 미용에도 재주가 있는데, 용모를 가꾸는 방법도 함께 배우고 싶어요.

따라 쓰며 **한자**力 완성해요

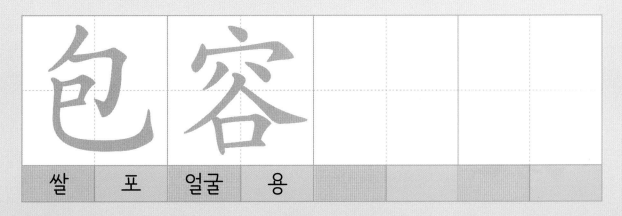

包	容			
쌀 포	얼굴 용			

오늘의 학습을 평가해 보아요. 😞 부족함 😑 보통임 😊 잘함

존경(尊敬)

남의 인격, 사상, 행위 등을 받들어 공경함.

#당신을 존경합니다
#수어_'존경'

尊 높을 존

영상으로
필순 보기

'酋(묵은 술 추)'와 '寸(마디 촌)'을 합해 술병을 두 손으로 공손히 받들고 있는 모습을 나타낸 글자로, '높다', '존경하다'를 뜻합니다.

敬 공경 경

영상으로
필순 보기

신에게 비는 모양을 나타낸 '茍(진실로 구)'에 '攵(칠 복)'을 합한 글자로, '공경'을 뜻합니다.

정답과 해설 112쪽

◎ **[1~4] 다음 어휘를 살펴보고, 빈칸에 알맞은 어휘를 찾아 한글로 쓰세요.**

1 태권도에서는 서로 [   ]을/를 한 뒤에 경기를 시작합니다.

↳ 공경의 뜻을 나타내기 위하여 인사하는 일.

2 "커피 나오셨습니다." 같은 사물 [   ]은/는 우리말의 문법에 맞지 않아요.

↳ 남을 공경하는 뜻으로 높여 부름.

3 '종묘 제례악'은 조선의 왕과 왕비를 기리는 의식 음악입니다. 가사나 춤 동작에는 왕을 [   ]하는 마음이 담겨 있습니다.

↳ 공손히 받들어 모심.

> '품위'는 '사람이 갖추어야 할 위엄이나 기품.'을 말해. '그는 힘든 상황이지만, 품위를 잃은 적이 없다.'라고 표현할 수 있지.

4 내가 [   ] 다 접고 먼저 사과했으니, 이제 그만 화 풀어.

↳ 남에게 굽히지 않고 자신의 품위를 스스로 지키는 마음.

1 밑줄 친 어휘의 뜻으로 알맞은 것에 ○표를 하세요.

1 부모를 <u>공경</u>하는 것은 자식의 도리입니다.
↳ (공손히 | 공정하게) 받들어 모심.

2 제가 가장 <u>존경</u>하는 인물은 이순신 장군입니다.
↳ (남의 | 자신의) 인격, 사상, 행위 등을 받들어 (자랑 | 공경)함.

2 '존(尊)' 자를 넣어, 빈칸에 공통으로 들어갈 어휘를 쓰세요.

> 가은: 동생에게 먼저 굽히며 사과하지 않을 거야. 이건 [   ] 문제라고.
>
> 나영: 잘못했을 때는 먼저 사과하며 품위를 지키는 게 진정한 [   ] 아닐까?

[✎   ]

3 밑줄 친 부분과 바꾸어 쓸 수 있는 어휘에 ✓표를 하세요.

> 요즘은 인터넷상에서도 서로를 <u>높여 부르기</u> 위해 이름 뒤에 '님'을 붙여서 쓰는 경우가 많습니다.

☐ 존칭하기   ☐ 경청하기   ☐ 짐작하기

4 다음 사진과 가장 거리가 <u>먼</u> 어휘를 고르세요.

① 공손   ② 감사   ③ 경례
④ 인사   ⑤ 반대

○ '높을 존(尊)'이나 '공경 경(敬)'이 들어가는 어휘를 넣어서 글을 써 보세요.

아래와 같이 사물에 경어를 쓰는 표현을 들어 본 적이 있 나요? 이런 표현에 대한 나의 생각을 적어 보세요.

• 주문하신 커피 나오셨습니다.

• 네, 가격은 3만 원 되시겠습니다.

• 음식 나오는 데 20분 정도 걸리시겠습니다.

도움말 존칭, 존대, 존중 등에 '높을 존(尊)'이 들어가요.
　　　　존경, 공경, 경어 등에 '공경 경(敬)'이 들어가요.

(예) 경어는 상대를 존중하고 공경하는 마음을 담기 위해서 사용하는 것입니다. 그러나 음료나 음식 등과 같은 사물에 존칭을 쓰는 것은 상대를 존경하는 것이 아니라, 경어를 잘못 사용하는 것입니다.

따라 쓰며 **한자** 力 완성해요

尊	敬		
높을　존	공경　경		

오늘의 학습을 평가해 보아요.　😟 부족함　😐 보통임　😊 잘함

09

토론(討論)

어떤 문제에 대하여 여러 사람이 각각 의견을 말하며 논의함.

討 칠/탐구할 토

'言(말씀 언)'과 손을 의미하는 '寸(마디 촌)'을 합한 글자로, 말과 손으로 죄인을 추궁한다는 데서 '치다', '탐구하다'를 뜻합니다.

論 의논할 론

'言(말씀 언)'과 '侖(둥글 륜)'을 합한 글자로, 조리 있는 말을 서로 주고받는다는 데서 '의논하다'를 뜻합니다.

정답과 해설 113쪽

○ **[1~4]** 다음 어휘를 살펴보고, 빈칸에 알맞은 어휘를 찾아 한글로 쓰세요.

국어
검토 검사할 檢, 탐구할 討

토벌 칠 討, 칠 伐

과학
결론 맺을 結, 의논할 論

사회
언론 말씀 言, 의논할 論

토론 칠/탐구할 討 의논할 論

1 실험 결과에서 [ ] 을/를 이끌어 내 봅시다.

↘ ① 최종적으로 판단을 내림. 또는 그 판단. ② 말이나 글을 끝맺는 부분.

2 조정에서는 여진족을 [ ] 하기 위해 군대를 출정시켰습니다.

↘ 무력*으로 쳐 없앰.

'무력'은 군사상의 힘이나 육체를 사용한 힘을 뜻해.

3 찾은 자료를 알기 쉽게 표현했는지 [ ] 하고 수정해 봅시다.

↘ 어떤 사실이나 내용을 분석하여 따짐.

4 6.29 민주화 선언에는 [ ] 의 자율성을 최대한 보장한다는 내용이 들어 있습니다.

↘ 신문, 잡지, 방송 등의 매체를 통하여 어떤 사실을 밝혀 알리거나 어떤 문제에 대하여 여론을 형성하는 활동.

1 밑줄 친 어휘의 뜻으로 알맞은 것에 ○표를 하세요.

> 언론 보도에 나온 유명인의 사고 소식에 많은 사람들이 놀랐다.
> ↘ (매체 | 강의)를 통하여 어떤 사실을 밝혀 알리거나
> 어떤 문제에 대하여 (갈등 | 여론)을 형성하는 활동.

2 '토(討)' 자를 넣어, 빈칸에 들어갈 어휘를 쓰세요.

1 그 계획은 이미 충분한 [   ]을/를 마쳤습니다.

↘ 어떤 사실이나 내용을 분석하여 따짐.

2 적군은 우리 군의 강력한 [   ] 작전에 굴복하였습니다.

↘ 무력으로 쳐 없앰.

3 밑줄 친 한자 성어의 의미를 고르세요.

> 실천이 따르지 않는 이론은 <u>탁상공론(卓上空論)</u>일 뿐입니다. 의미 없는 <u>탁상공론</u>만 하지 말고 현실적 방안을 찾아 봅시다.

① 매우 쉬운 일.　　　　　　　　② 애쓰면서 속을 태움.
③ 길거리나 항간에 떠도는 소문.　　④ 비위를 맞추는 달콤하고 이로운 말.
⑤ 현실성이 없는 허황한 이론이나 논의.

4 왼쪽의 어휘와 뜻이 가장 <u>먼</u> 것에 ✔표를 하세요.

1 결론 　　☐ 결단　　☐ 서론　　☐ 마무리

2 토론 　　☐ 의논　　☐ 논의　　☐ 이론

○ '칠/탐구할 토(討)'나 '의논할 론(論)'이 들어가는 어휘를 넣어서 글을 써 보세요.

우리 반에서 반장을 뽑는 날이에요. 1번 후보는 공약이 마음에 들고, 2번 후보는 토론을 잘하고, 3번 후보는 인기가 많아요. 나는 어떤 후보를 반장으로 뽑을지, 그 이유와 함께 써 보세요.

도움말 토론, 검토, 토의 등에 '칠/탐구할 토(討)'가 들어가요.
결론, 여론, 물론, 탁상공론 등에 '의논할 론(論)'이 들어가요.

(예) 어떤 후보들이 나왔는지 검토한 결과, 여론 조사에서 가장 인기가 많았던 3번 후보에게 투표하려고 합니다. 반장은 반 전체를 대표하기 때문에 많은 친구들에게 지지를 받는 것이 중요하다는 결론을 내렸기 때문입니다.

따라 쓰며 **한자**力 완성해요

討	論			
칠/탐구할 토	의논할 론			

오늘의 학습을 평가해 보아요. 😞 부족함 😐 보통임 😊 잘함

10 거부(拒否)

남의 요청이나 제안 등을 받아들이지 않고 물리침.

拒 **막을 거**

영상으로
필순 보기

'扌(手, 손 수)'와 'Ε(클 거)'를 합해 손으로 무언가를 막는 모습을 나타
낸 글자로, '막다', '거절하다'를 뜻합니다.

否 **아닐 부**

영상으로
필순 보기

'不(아닐 불)'과 '口(입 구)'를 합한 글자로, 아니라고 말한다는 의미에
서 '아니다'라는 부정의 뜻을 나타냅니다.

◎ [1~4] 예문을 보고, 어휘의 알맞은 뜻을 찾아 ✓표를 하세요.

사회

거 절
막을 拒   끊을 絶

청나라는 자신들을 임금으로, 조선을 신하의 관계로 대하라는 요구를 하였고, 조선이 이를 거절하자 조선에 쳐들어왔습니다.

↘ 1
- ☐ 어떤 대상을 물리치지 못하여 좋지 않게 여기는 감정.
- ✓ 상대편의 요구, 제안, 선물, 부탁 등을 받아들이지 않고 물리침.

국어

항 거
겨룰 抗   막을 拒

한글학자 주시경은 우리말을 없애려는 일제의 정책에 항거하며 우리말을 지키기 위해 국어사전을 만들려고 했습니다.

↘ 2
- ☐ 순종하지 않고 맞서서 반항함.
- ☐ 힘이 모자라서 막지 못하고 복종함.

부 인
아닐 否   인정할 認

아직은 사회 전반적으로 약자에 대한 차별이 있는 것은 부인할 수 없는 사실이다.

↘ 3
- ☐ 남의 아내를 높여 이르는 말.
- ☐ 어떤 내용이나 사실을 옳거나 그러하다고 인정하지 아니함.

도덕

부 정 적
아닐 否   정할 定   과녁 的

친구에게는 '그것도 못하냐.'라고 하는 부정적인 말보다 '이런 것도 잘하네.'라고 하는 긍정적인 말을 해 봅시다.

↘ 4
- ☐ 그러하거나 옳다고 인정하는 것.
- ☐ 그렇지 않다고 단정하거나 옳지 않다고 반대하는 것.

1 '부(否)' 자를 넣어, 밑줄 친 곳에 공통으로 들어갈 어휘를 쓰세요.

모든 현상에는 긍정적 측면과 _____ 측면이 공존합니다. 매사를 안 좋게 바라보며 _____(으)로 생각하지 마시고, 좋은 점을 찾으며 긍정적으로 생각해 보세요. 분명 좋은 일이 생길 것입니다.

[✎   ]

2 빈칸에 '부인(否認)'을 쓸 수 <u>없는</u> 문장에 ✔표를 하세요.

☐ 피의자는 며칠 전에 한 말을 [   ] 하고 있습니다.

☐ 도둑이 순순히 범행 사실을 [   ] 하여 구속되었습니다.

☐ 희찬이는 그 일은 자기가 한 것이 아니라고 강력히 [   ] 했습니다.

3 밑줄 친 '거(拒)' 자의 공통된 뜻을 고르세요.

- **거**부(拒否): 남의 요청이나 제안 등을 받아들이지 않고 물리침.
- **거**식증(拒食症): 먹는 것을 거부하거나 두려워하는 병적 증상.

① 먹다   ② 막다   ③ 즐기다   ④ 요구하다   ⑤ 거대하다

4 다음 어휘와 뜻이 비슷하거나 반대인 어휘에 ○표를 하세요.

1
항거(抗拒)

├ 비슷한 뜻

| 거대 | 거액 | 대항 |

2
거절(拒絶)

├ 반대의 뜻

| 수락 | 수익 | 수동 |

◌ '막을 거(拒)'나 '아닐 부(否)'가 들어가는 어휘를 넣어서 글을 써 보세요.

제 친구의 고민을 들어 보세요. 친구의 엄마께서 친구에게 수학 특강을 들어 보라고 하셨는데, 친구는 피아노를 배우고 싶대요. 자신의 생각을 말하기 어려워하는 친구에게 뭐라고 조언해 줄까요?

도움말 거부, 거절, 거역 등에 '막을 거(拒)'가 들어가요.
부인, 부정적, 왈가왈부 등에 '아닐 부(否)'가 들어가요.

예 싫은 것은 거절할 수 있는 용기도 필요해. 싫은데도 계속 따르다 보면 자기 자신에 대해 부정적인 마음이 생길 수도 있거든. 엄마께 거역하는 일이라고 생각하지 말고, 피아노를 배우고 싶은 마음을 솔직하게 말씀드려 봐.

따라 쓰며 **한자力** 완성해요

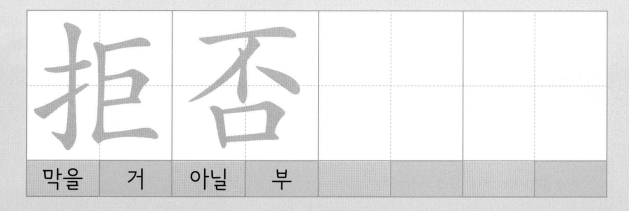

拒	否			
막을 거	아닐 부			

오늘의 학습을 평가해 보아요. 😞 부족함 😐 보통임 😊 잘함

1~2 다음 글을 읽고, 물음에 답하세요.

'용기 내 챌린지'는 음식 포장(包裝)으로 발생하는 쓰레기를 줄이자는 취지에서, '용기(勇氣)를 내서 자신이 사용하는 용기(容器) 내(內)'에 식재료나 음식을 포장해 오는 운동을 말합니다. 일회용 용기 사용에 대한 문제는 언론(言論)에서도 자주 다루기 때문에 시청자(視聽者) 여러분들도 익숙할 것입니다. 배달 음식을 먹은 뒤 나오는 쓰레기가 얼마나 되는지 한번 검토(檢討)해 보세요. 일회용 용기뿐 아니라 숟가락, 젓가락까지 포함(包含)한 어마어마한 쓰레기를 보면, 문제의 심각성을 느낄 수 있습니다.

일회용 용기를 거부(拒否)하고, 번거로움을 포용(包容)할 작은 용기를 낸다면, 환경 보호에 큰 힘을 보탤 수 있을 것입니다.

1 이 글의 핵심 내용을 파악하여, 빈칸에 알맞은 말을 쓰세요.

{ 일회용 ☐☐ 사용을 줄이자. }

2 이 글에서 말한 환경 보호에 도움이 되는 행동이 <u>아닌</u> 것에 ✔표를 하세요.

☐ 쓰레기의 종류를 검토한다.

☐ 숟가락, 젓가락은 본인 것을 사용한다.

☐ 식재료나 음식은 자기 용기에 포장한다.

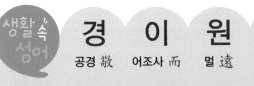

생활 속 성어

경 이 원 지

공경 敬　어조사 而　멀 遠　어조사 之

'공경하되 가까이하지는 않는다.'라는 뜻으로, 공자가 제자에게 "자기 자신이 해야 할 일에 힘쓰고, 귀신은 공경하되 멀리하는 것이 좋다."라고 말한 데서 유래하였습니다.

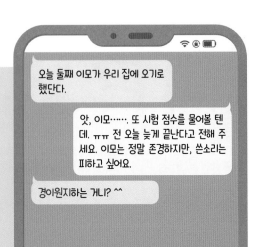

오늘 둘째 이모가 우리 집에 오기로 했단다.

앗, 이모…… 또 시험 점수를 물어볼 텐데. ㅠㅠ 전 오늘 늦게 끝난다고 전해 주세요. 이모는 정말 존경하지만, 쓴소리는 피하고 싶어요.

경이원지하는 게니? ^^

놀이로 정리해요

정답과 해설 115쪽

○ 뜻풀이에 해당하는 어휘 칸을 색칠하여, 원주민 마을에 들어갈 수 있는 암호를 맞혀 보세요.

암호

☐ ㅜ ㅁ

단어 뜻풀이

① 귀를 기울여 들음.
② 사람의 얼굴 모양.
③ 공손히 받들어 모심.
④ 순종하지 않고 맞서서 반항함.
⑤ 남을 공경하는 뜻으로 높여 부름.
⑥ 어떤 사실이나 내용을 분석하여 따짐.
⑦ 남을 너그럽게 감싸 주거나 받아들임.
⑧ 비스듬히 기울어짐. 또는 그런 상태나 정도.
⑨ 강연이나 설교, 음악 등을 듣기 위하여 모인 사람들.
⑩ 남에게 굽히지 않고 자신의 품위를 스스로 지키는 마음.
⑪ 상대편의 요구, 제안, 선물, 부탁 등을 받아들이지 않고 물리침.

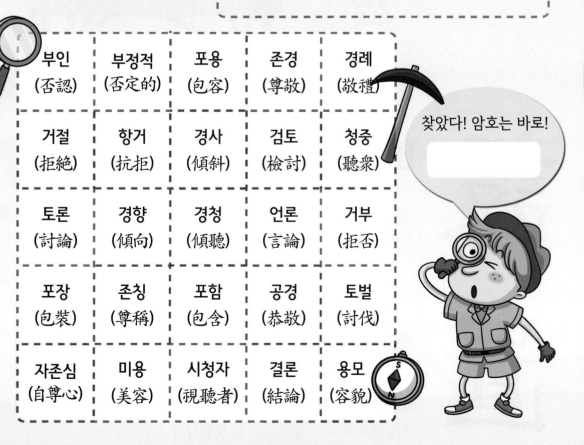

부인 (否認)	부정적 (否定的)	포용 (包容)	존경 (尊敬)	경례 (敬禮)
거절 (拒絕)	항거 (抗拒)	경사 (傾斜)	검토 (檢討)	청중 (聽衆)
토론 (討論)	경향 (傾向)	경청 (傾聽)	언론 (言論)	거부 (拒否)
포장 (包裝)	존칭 (尊稱)	포함 (包含)	공경 (恭敬)	토벌 (討伐)
자존심 (自尊心)	미용 (美容)	시청자 (視聽者)	결론 (結論)	용모 (容貌)

찾았다! 암호는 바로!

51

설치(設置)

어떤 일을 하는 데 필요한 기관이나 장치를 마련하여 베풀어 둠.

設 베풀 설

영상으로
필순 보기

'言(말씀 언)'과 '殳(몽둥이 수)'를 합하여, 사냥이나 전쟁에서 얻은 물건을 펼쳐 놓고 잔치를 벌인다는 데서 '베풀다', '진열하다'를 뜻합니다.

置 둘 치

영상으로
필순 보기

'网(그물 망)'과 '直(곧을 직)'을 합한 글자로, 그물을 곧게 펼쳐 세워 둔다는 데서 '두다', '배치하다'를 뜻합니다.

○ [1~4] 예문을 보고, 어휘의 알맞은 뜻을 찾아 ✔표를 하세요.

실과

설 계
베풀 設 · 셀 計

일상의 문제를 해결하는 프로그램을 설계하고 제작해 봅시다.

'설계'는 '계획을 세움. 또는 그 계획'이라는 뜻도 있어. "네 인생을 멋지게 설계해 봐."라고 표현할 수 있지.

↘ **1** ☐ 생각나는 것을 일정한 계획 없이 곧바로 그려 내는 일.

☑ 목적에 따라 실제적인 계획을 세워 그림 등으로 드러내는 일.

미술

설 정
베풀 設 · 정할 定

애니메이션은 잔상을 이용하기 때문에 사진 한 장당 제공되는 시간을 짧게 설정할수록 움직임이 자연스러워.

↘ **2** ☐ 새로 만들어 정해 둠.

☐ 기존에 있던 것을 따라 함.

사회

위 치
자리 位 · 둘 置

세계 지도를 보면 우리나라와 이웃한 나라의 위치를 알 수 있다.

↘ **3** ☐ 일정한 곳에 있지 않고 떠돌아다님.

☐ 일정한 곳에 자리를 차지함. 또는 그 자리.

국어

배 치
나눌 配 · 둘 置

산자락에 자연스럽게 배치한 건물이 인상적이다.

↘ **4** ☐ 사람이나 물건 따위를 다른 것으로 바꿈.

☐ 사람이나 물건 따위를 일정한 자리에 나누어 둠.

1 밑줄 친 부분과 바꾸어 쓸 수 있는 어휘를 고르세요.

> 어린이 안전을 위해 학교 앞 골목길에 가로등을 추가로 <u>놓을</u> 예정입니다.

① 가꿀 ② 설치할 ③ 거절할 ④ 토론할 ⑤ 포함할

2 빈칸에 들어갈 어휘에 ✓표를 하세요.

> 『화성성역의궤』에는 수원 화성의 [   ], 공사 물품 등의 기록이 실려 있다.
>
> ↳ 목적에 따라 실제적인 계획을 세워 그림 등으로 드러내는 일.

☐ 방치 ☐ 배열 ☐ 처치 ☐ 설계

3 빈칸에 공통으로 들어갈 어휘를 고르세요.

> • 독도는 군사적으로 중요한 [   ]에 있다.
>
> • 각 나라의 [   ](이)나 지형에 따라 기후가 다르게 나타나기도 한다.

① 계절 ② 위치 ③ 날씨 ④ 의견 ⑤ 설정

4 문장에 알맞은 어휘를 괄호 안에서 골라 ◯표를 하세요.

1 키가 큰 친구도 앞에 앉을 수 있도록 좌석을 (배치 | 사치)하면 좋겠습니다.

2 탐구 문제를 정하고 탐구 결과를 예상하는 것을 '가설 (설문 | 설정)'(이)라고 합니다.

정답과 해설 116쪽

글 쓰며 **표현** 力 높여요

○ '베풀 설(設)'이나 '둘 치(置)'가 들어가는 어휘를 넣어서 글을 써 보세요.

이제 내 방은 내가 꾸민다! 칙칙한 분위기의 방을 내 마음대로 꾸며 보려고 합니다. 내 취향을 담아 인테리어 전문가에게 보낼 주문서를 작성해 볼까요?

> **도움말** 설치, 설계, 설정 등에 '베풀 설(設)'이 들어가요.
> 위치, 배치, 방치 등에 '둘 치(置)'가 들어가요.

예 창가에 카페 분위기가 나는 조명을 설치해 주세요. 그 앞에서 사진을 찍으면 잘 나오도록, 아기자기한 소품들도 배치해 주세요.

따라 쓰며 **한자** 力 완성해요

設	置			
베풀 설	둘 치			

오늘의 학습을 평가해 보아요. 😟 부족함 😐 보통임 😊 잘함

12 대칭(對稱)

중심선의 상하나 좌우를 같게 배치한 구성.

대칭인 그림은 반으로 접으면 꼭 맞게 포개져.

對 대할 대

영상으로 필순 보기

촛대를 손으로 잡은 모양을 본뜬 글자로, 누군가를 마주하기 위해 불을 밝힌다는 데서 '대하다', '마주하다'를 뜻합니다.

稱 일컬을 칭

영상으로 필순 보기

'禾(벼 화)'와 '爯(들 칭)'을 합한 글자로, 곡식의 무게를 달아 가격을 제시한다는 데서 '부르다', '일컫다'를 뜻합니다.

56

정답과 해설 117쪽

○ [1~4] 다음 어휘를 살펴보고, 빈칸에 알맞은 어휘를 찾아 한글로 쓰세요.

대칭
대할 對   일컬을 稱

국어
대화   대할 對, 말씀 話

미술
대비   대할 對, 견줄 比

실과
애칭   사랑 愛, 일컬을 稱

도덕
칭찬   일컬을 稱, 기릴 讚

1 내가 기르는 동물의 [   ]을/를 적어 봅시다.

↳ 본래의 이름 외에 친근하고 다정하게 부를 때 쓰는 이름.

2 꽃의 빨간색과 잎의 초록색이 [   ]되어 꽃이 강조되어 보여요.

↳ 서로 상반되는 형태나 색채를 나란히 배치하는 일.

3 내가 한 행동 가운데 반성할 점이나 [   ]할 점이 있는지 생각해 봅시다.

↳ 좋은 점이나 착하고 훌륭한 일을 높이 평가함.

4 친구들과 [   ]할 때 짜증난다는 말이나 욕설을 들으면 기분이 나빠져요.

↳ 마주 대하여 이야기를 주고받음. 또는 그 이야기.

1 '대(對)' 자를 넣어, 빈칸에 공통으로 들어갈 어휘를 쓰세요.

> 은어나 비속어는 [   ]을/를 어렵게 하고 오해를 불러일으킬 수 있으므
>
> 로, [   ]할 때에는 고운 말을 사용해야 합니다.

[✏️   ]

2 빈칸에 '칭(稱)' 자가 들어가는 어휘를 쓰세요.

1 가족들은 저를 '순둥이'라는 [   ](으)로 부르곤 해요.

2 친구의 장점을 [   ]합시다. 가는 말이 고와야 오는 말이 곱습니다.

3 밑줄 친 어휘의 뜻으로 알맞은 것에 ○표를 하세요.

> 나비의 양쪽 날개가 <u>대칭</u>이어서 균형을 이루어요.
> ↳ 중심선의 상하나 좌우를 (다르게 | 같게) 배치한 구성.

4 다음 그림을 설명한 내용 중, 빈칸에 들어갈 어휘를 고르세요.

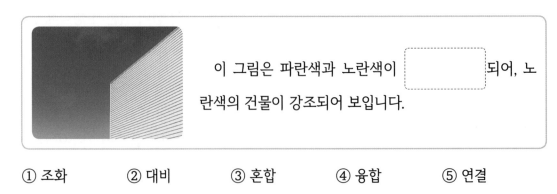

이 그림은 파란색과 노란색이 [   ]되어, 노
란색의 건물이 강조되어 보입니다.

① 조화　　　② 대비　　　③ 혼합　　　④ 융합　　　⑤ 연결

○ '대할 대(對)'나 '일컬을 칭(稱)'이 들어가는 어휘를 넣어서 글을 써 보세요.

또래 상담 동아리에서 친구들을 상담해 주는 상담원이 되었습니다. 친구들과 사이가 좋지 못해서 고민인 친구에게 조언을 해 주세요.

또래 상담소

도움말 대칭, 대화, 대조, 상대 등에 '대할 대(對)'가 들어가요.
애칭, 호칭, 칭찬 등에 '일컬을 칭(稱)'이 들어가요.

예 혹시 친구들을 부르는 호칭에 문제가 있는 것은 아닐까? 네가 애정을 담아 지은 애칭이라고 해도, 받아들이는 상대에게는 기분 나쁜 별칭이 될 수도 있거든.

따라 쓰며 **한자力** 완성해요

對	稱				
대할	대	일컬을	칭		

오늘의 학습을 평가해 보아요. 😞 부족함 😐 보통임 😊 잘함

13

굴절(屈折)

빛이나 음파가 서로 다른 물질의 경계면에서 그 진행 방향이 바뀌는 현상.

屈 굽을 굴

영상으로
필순 보기

'出(날 출)'과 구부러진 꼬리 모양의 'ㄕ(주검 시)'를 합한 글자로, '굽다', '굽히다'를 뜻합니다.

折 꺾을 절

영상으로
필순 보기

扌(手, 손 수)와 '斤(도끼 근)'을 합해 도끼로 나무를 자르는 모습을 나타낸 글자로, '꺾다', '부러지다'를 뜻합니다.

○ [1~4] 예문을 보고, 어휘의 알맞은 뜻을 찾아 ✓표를 하세요.

굴 곡
굽을 屈 굽을 曲

전시장에서 본 조각상에는 인체의 굴곡이 잘 표현되어 있었다.

1 ✓ 이리저리 굽어 꺾여 있음.

☐ 처음부터 끝까지 반듯하게 뻗어 있음.

> '服(복)' 자는 '옷' 외에도 '따르다', '항복하다' 와 같은 뜻도 있어요.

사회

굴 복
굽을 屈 옷 服

청나라와의 전쟁에서 끝까지 굴복하지 않았던 '삼학사'의 이야기를 전해 들었어.

2 ☐ 몸을 숙여 옷을 입음.

☐ 힘이 모자라서 복종함.

국어

좌 절
꺾을 挫 꺾을 折

네로는 미술 대회에서 그림이 당선되지 못해 크게 좌절했다.

3 ☐ 마음이나 기운이 꺾임.

☐ 마음이나 기운이 굳셈.

체육

골 절
뼈 骨 꺾을 折

뼈에 금이 가거나 뼈가 부러진 상태를 골절상이라고 합니다.

4 ☐ 뼈가 부러짐.

☐ 뼈가 튼튼함.

문제로 어휘力 높여요

1 밑줄 친 어휘와 바꾸어 쓸 수 있는 어휘에 ✔표를 하세요.

> 가파르고 <u>굴곡진</u> 산길을 넘어 드디어 해안가에 도착했습니다.

☐ 곧은   ☐ 굽은

2 빈칸에 '절(折)' 자가 들어가는 어휘를 쓰세요.

1 자전거를 타다가 넘어져서 다리가 [ ] 되는 바람에 병원에서 붕대를 감았다.

2 기대했던 것만큼 결과가 좋지 않았지만 [ ] 하지 않고 힘을 내서 다음 기회를 기다렸다.

3 빈칸에 들어갈 어휘를 고르세요.

> 일제의 탄압 속에서도 우리 민족은 [ ] 하지 않고 독립 운동을 이어나갔다.
> ↳ 힘이 모자라서 복종함.

① 대항   ② 저항   ③ 굴복   ④ 반성   ⑤ 증가

4 다음 문장을 읽고, '빛의 굴절'에 대한 알맞은 설명에 ✔표를 하세요.

'빛의 굴절' 이란?

> 빛은 공기와 물의 경계에서 비스듬히 나아갈 때 굴절합니다.

☐ 서로 다른 물질의 경계에서 빛이 꺾여 나아가는 현상.

☐ 서로 다른 물질의 경계에서 빛이 일직선으로 통과하는 현상.

글 쓰며 **표현 力** 높여요

정답과 해설 118쪽

● '굽을 굴(屈)'이나 '꺾을 절(折)'이 들어가는 어휘를 넣어서 글을 써 보세요.

'나의 성장 과정'을 주제로 10분짜리 영상을 찍으려고 합니다. 본 영상에 앞서 30초 예고편에 넣을 자막을 써 볼까요?

도움말 굴절, 굴복, 굴곡, 불굴 등에 '굽을 굴(屈)'이 들어가요.
좌절, 골절, 절충 등에 '꺾을 절(折)'이 들어가요.

예 눈물 없이는 볼 수 없는, 13년간의 좌절과 환희의 성장 이야기! 골절의 아픔을 딛고,
다시 수영 선수를 꿈꾸게 된 나의 이야기를 지금부터 시작합니다!

따라 쓰며 **한자 力** 완성해요

屈	折			
굽을 굴	꺾을 절			

오늘의 학습을 평가해 보아요. 😞 부족함 😐 보통임 😊 잘함

14 단계(段階)

일의 차례를 따라 나아가는 과정.

段 구분/수단 단

영상으로
필순 보기

돌을 망치[殳(몽둥이 수)]로 깎는 모습을 표현한 글자로, 돌로 망치를
치면 돌조각이 떨어져 나오는 데서 '구분', '수단'을 뜻합니다.

階 층계 계

영상으로
필순 보기

돌로 만든 계단을 나타내는 '阝(阜, 언덕 부)'와 음을 나타내는 '皆(다 개)'
를 합한 글자로, '층계'를 뜻합니다.

○ **[1~4]** 다음 어휘를 살펴보고, 빈칸에 알맞은 어휘를 찾아 한글로 쓰세요.

단계
구분/수단 段 　 층계 階

국어
문단 　 글월 文, 구분 段

사회
수단 　 손 手, 수단 段

사회
계층 　 층계 階, 층 層

위계 　 자리 位, 층계 階

1 요즘은 권위적인 [　　　]질서가 점점 사라지는 분위기이다.

↳ 지위나 계층 따위의 등급.

2 도시에는 버스, 지하철과 같은 교통 [　　　]이/가 발달하였다.

↳ 어떤 목적을 이루기 위한 방법. 또는 그 도구.

3 글의 짜임을 생각하며 각 [　　　]의 중심 문장을 찾아 써 보세요.

↳ 긴 글을 내용에 따라 나눈 각각의 짧은 이야기 토막.

4 갑신정변은 양반 [　　　]이/가 주도했지만, 양반들만이 이를 실행한 것은 아니다.

↳ 사회적 지위가 비슷한 사람들의 층.

문제로 어휘 力 높여요

1 빈칸에 공통으로 들어갈 어휘에 ✔표를 하세요.

> 문장이 몇 개 모여서 한 가지 생각을 나타내는 것을 [　　　](이)라고 해요.
>
> [　　　]이/가 모여서 한 편의 글이 돼요.

☐ 어휘　　　☐ 문단　　　☐ 문법

2 빈칸에 '계(階)' 자가 들어가는 어휘를 쓰세요.

1 지역 간, [　　　] 간 차별이 없는 행복한 세상을 꿈꿉니다.
↳ 사회적 지위가 비슷한 사람들의 층.

2 공정 무역에서는 중간 유통 [　　　]을/를 줄여 생산자의 이익을 보장해 줍니다.
↳ 일의 차례를 따라 나아가는 과정.

3 두 사람의 대화로 보아, 빈칸에 들어갈 어휘를 고르세요.

> 준: 지원아, 너 진짜 빨리 왔다. 올 때 어떤 교통 [　　　]을/를 이용했어?
>
> 지원: 응, 도로가 막힐 시간이라 지하철을 타고 왔어.

① 질서　　② 통행　　③ 수단　　④ 계단　　⑤ 법규

4 밑줄 친 어휘의 뜻으로 알맞은 것에 ○표를 하세요.

> 옛날에는 옷의 색깔로 관료들의 <u>위계</u>를 세우기도 하였습니다.
> ↳ 지위나 계층 따위의 (등급 | 이름).

○ '구분/수단 단(段)'이나 '층계 계(階)'가 들어가는 어휘를 넣어서 글을 써 보세요.

초등학생 기자가 되어 지역 사회의 문제점을 고발하는 기사를 작성하려고 합니다. 내가 사는 동네, 도시, 나라에 어떤 문제가 있는지, 어떻게 고쳐야 하는지 짧은 기사를 작성해 볼까요?

도움말 단계, 문단, 수단 등에 '구분/수단 단(段)'이 들어가요.
계단, 계층, 위계, 계급 등에 '층계 계(階)'가 들어가요.

예 장애인들은 지하철 이용이 쉽지 않습니다. 휠체어를 타고 있으면 계단을 이용하기도 어렵고, 승강장에 바퀴가 끼어 오도가도 못하게 되기 일쑤입니다. 취약 계층도 교통 수단을 편리하게 사용하도록 해결책을 마련해야 합니다.

따라 쓰며 **한자**力 완성해요

段	階			
구분/수단 단	층계 계			

오늘의 학습을 평가해 보아요. ☹ 부족함 😐 보통임 🙂 잘함

15

추리(推理)

알고 있는 것을 바탕으로 알지 못하는 것을 미루어서 생각함.

推 밀 추

영상으로
필순 보기

'扌(手, 손 수)'와 '隹(새 추)'를 합한 글자로, 앞으로만 날 수 있는 새의 특성에 손의 의미를 더하여 '밀다'를 뜻합니다.

理 다스릴 리

영상으로
필순 보기

'玉(구슬 옥)'과 음을 나타내는 '里(마을 리)'를 합한 글자로, 옥에 새겨 넣은 무늬라는 의미가 확대되어 '(일을)다스리다'를 뜻합니다.

○ [1~4] 예문을 보고, 어휘의 알맞은 뜻을 찾아 ✓표를 하세요.

국어

추 측
밀 推　헤아릴 測

잘못된 우리말 사용이 많아지는 까닭을 추측해 봅시다.

↘ 1 　✓ 미루어 생각하여 헤아림.

　　　☐ 다른 사람의 의견을 듣고 헤아림.

사회

추 진
밀 推　나아갈 進

내가 국회 의원이 된다면 환경 정책을 추진하겠습니다.

↘ 2 　☐ 목표를 이루기 위해 설득함.

　　　☐ 목표를 향하여 밀고 나아감.

'관리(管理)'는 뜻을
여러 개 갖고 있어서, 문장
내에서 어떤 뜻으로 쓰이는지
잘 파악해야 해.

국어

관 리
주관할 管　다스릴 理

회사는 나무를 심고 관리하는 직원을 뽑는 공지를 올렸다.

↘ 3 　☐ 상품의 개발, 판매, 홍보 따위의 일을 맡아 함.

　　　☐ 시설이나 물건의 유지, 개량 따위의 일을 맡아 함.

과학

원 리
근원 原　다스릴 理

모래시계는 어떤 원리로 작동하는 걸까?

↘ 4 　☐ 사물의 근본이 되는 이치.

　　　☐ 사물을 만드는 데 필요한 재료.

1 '추(推)' 자를 넣어, 빈칸에 공통으로 들어갈 어휘를 쓰세요.

> 태희: 세찬아, 넌 [   ] 소설을 자주 읽던데, 어떤 점이 재미있어?
>
> 세찬: 응, 범죄 사건을 [   ] 해서 해결해 나가다 보면, 내가 범죄 분석가가 된
>
> 기분이라 매우 재밌어.

[✎   ]

2 밑줄 친 어휘의 뜻으로 알맞은 것의 기호를 쓰세요.

> ㉠ 사물의 근본이 되는 이치.
> ㉡ 시설이나 물건의 유지, 개량 따위의 일을 맡아 함.

1 집이 오래되어 전문적인 관리가 필요하다.   [✎   ]

2 로봇의 구성 요소와 작동 원리를 알아봅시다.   [✎   ]

3 밑줄 친 부분과 바꾸어 쓸 수 있는 어휘에 ✔표를 하세요.

> 고대 이집트의 무덤 벽화에서 양팔 저울 그림이 발견된 것으로 보아, 옛날에도 저울을 사용했을 것이라고 미루어 생각할 수 있습니다.

[ ] 부인   [ ] 추측   [ ] 희망   [ ] 기억

4 빈칸에 '추(推)' 자가 들어가는 어휘를 쓰세요.

'경제 개발 5개년 계획'이란?

> 정부가 '우리나라의 경제 성장'의 목표를 이루기 위해 여러 정책을 마련하여 [   ] 한 계획.

○ '밀 추(推)'나 '다스릴 리(理)'가 들어가는 어휘를 넣어서 글을 써 보세요.

우리나라 역사에는 존경할 만한 위인들이 많았어요. 역사 속 인물 중에서 꼭 한 명을 현재로 데려올 수 있다면 어떤 위인을 선택하고 싶나요? 그 이유와 함께 적어 보세요.

도움말 추리, 추측, 추진, 추천 등에 '밀 추(推)'가 들어가요.
관리, 원리, 이해 등에 '다스릴 리(理)'가 들어가요.

예 이순신 장군을 추천합니다. 이순신 장군은 어려움을 극복하는 능력이 뛰어납니다. 그러므로 지금 우리의 고민을 들으시면, 속이 시원하게 해결책을 찾아 주실 것으로 추측할 수 있어요.

따라 쓰며 **한자 力** 완성해요

推	理			
밀 추	다스릴 리			

오늘의 학습을 평가해 보아요. ☹ 부족함 😐 보통임 😊 잘함

1~2 다음 글을 읽고, 물음에 답하세요.

㉠실내 장식 전문가는 건물 내부 공간의 구조와 시설의 배치(配置) 등을 설계(設計)하는 직업입니다. 보통은 공사를 시작하기 전에 먼저 고객의 요구 사항과 특성, 건물의 목적과 기능, 예산, 건축 형태 등을 조사합니다. 이러한 조사 단계(段階)를 거쳐 실내 장식의 설계 방향을 정하고, 구체적인 계획을 세워 공사를 추진(推進)합니다. 실내 장식 전문가는 공사가 시작되면 현장에 나가, 설계에 따라 시공이 잘 진행되고 있는지, 문제는 없는지 점검합니다. 그리고 고객과 대화(對話)를 나누며, 다양한 수단(手段)을 사용하여 고객이 만족하도록 실내 장식을 완성합니다.

1 이 글의 핵심 내용을 파악하여, 빈칸에 알맞은 말을 쓰세요.

{ □□□□ 전문가가 하는 일 }

2 ㉠에 대한 설명으로 알맞은 것에는 ○표를, 그렇지 <u>않은</u> 것에는 ×표를 하세요.

1 고객이 원하는 실내 장식을 완성해야 한다. [✎]

2 사무실에서 조사하고 설계하는 일만 담당한다. [✎]

3 건물 내부 공간의 구조와 시설의 배치를 설계하는 직업이다. [✎]

생활 속 성어

괄 목 상 대
비빌 刮 눈 目 서로 相 대할 對

『삼국지』의 「오지」에서 유래한 말입니다. 무술만 연마하여 학식이 부족했던 '여몽'이 왕의 당부에 따라 학문을 열심히 닦아 학식이 눈에 띄게 늘었는데, 이와 같이 한동안 못 본 사이에 지식이나 능력이 눈을 비비고 다시 볼 만큼 부쩍 늘었음을 나타낼 때 쓰입니다.

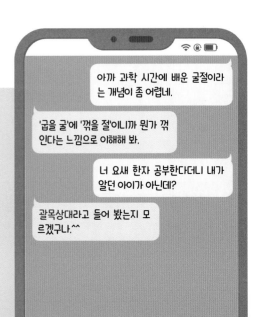

아까 과학 시간에 배운 굴절이라는 개념이 좀 어렵네.

'굽을 굴'에 '꺾을 절'이니까 뭔가 꺾인다는 느낌으로 이해해 봐.

너 요새 한자 공부한다더니 내가 알던 아이가 아닌데?

괄목상대라고 들어 봤는지 모르겠구나.^^

놀이로 정리해요

● 도토리에 적힌 한자가 쓰인 어휘를 골라 미로를 탈출해 보세요.

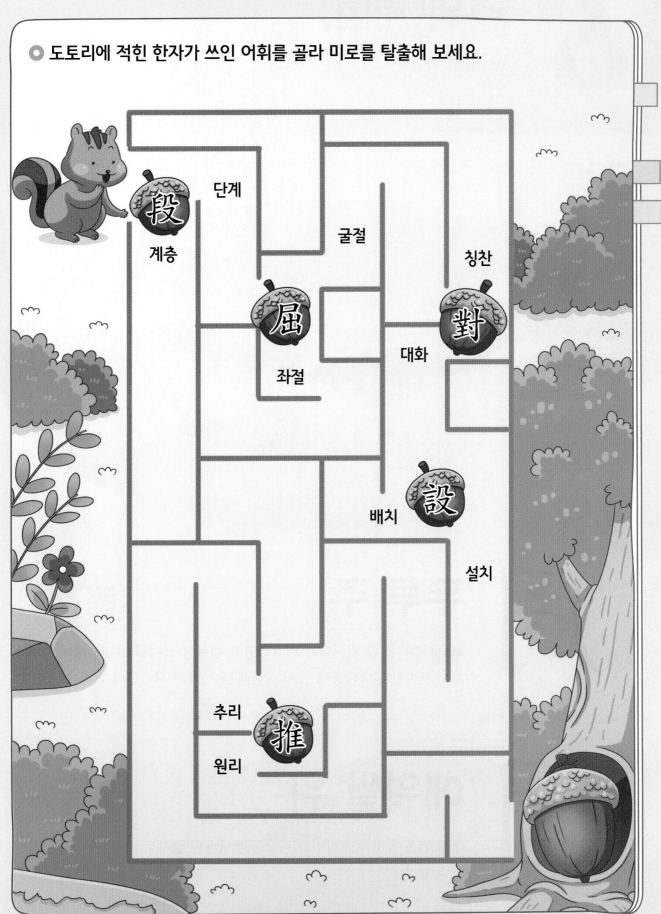

16 주위(周圍)

어떤 곳의 바깥 둘레.

周 두루 주

영상으로 필순 보기

'田(밭 전)'에 '口(입 구)'가 더해지면서 변형된 글자로, 본래 '빽빽하다' 라는 뜻이었다가 나중에 '두루', '둘레'를 뜻하게 되었습니다.

圍 에워쌀 위

영상으로 필순 보기

성 주위를 둘러싸고 경비하는 모습을 나타낸 글자로, '에워싸다', '둘레' 를 뜻합니다.

정답과 해설 122쪽

○ [1~4] 예문을 보고, 어휘의 알맞은 뜻을 찾아 ✓표를 하세요.

과학

주 변
두루 周 | 가장자리 邊

집 안에서 난방 기구를 켜면 **주변** 공기의 온도가 높아집니다.

↳ **1** ☐ 사물의 한가운데.

✓ 어느 대상의 둘레.

수학

원 주 율
둥글 圓 | 두루 周 | 비율 率

원주율이 3.14일 때, 원의 지름을 이용하여 원둘레를 구해 보세요.

↳ **2** ☐ 원의 넓이.

☐ 원둘레와 지름의 비율.

국어

분 위 기
눈 날릴 雰 | 에워쌀 圍 | 기운 氣

연극에서는 등장인물의 이별로 슬픈 **분위기**를 무대 배경과 조명, 음악으로 표현했어.

↳ **3** ☐ 그 자리나 장면에서 느껴지는 기분.

☐ 연극에서 해설과 대사를 뺀 나머지 부분의 글.

사회

포 위
쌀 包 | 에워쌀 圍

홍범도는 전투에 유리한 지역으로 대규모의 일본군을 유인해 **포위**한 후 공격했다.

↳ **4** ☐ 주위를 에워쌈.

☐ 구속이나 억압에서 벗어나게 함.

1 밑줄 친 어휘의 뜻으로 알맞은 것에 ○표를 하세요.

> 원의 크기가 제각각이어도 <u>원주율</u>은 항상 똑같습니다.
>
> ↳ 원의 (넓이 | 둘레)와 지름의 (비율 | 크기).

2 밑줄 친 어휘와 바꾸어 쓸 수 <u>없는</u> 어휘에 ✔표를 하세요.

> 유치원과 학교의 <u>주변</u> 도로는 어린이 보호 구역으로 지정되어 있다.

☐ 근처   ☐ 중심   ☐ 부근

3 빈칸에 '에워쌀 위(圍)'가 들어가는 어휘를 쓰세요.

1 인공위성은 지구 [　　　]을/를 돈다.

2 미진이의 농담 덕분에 즐거운 [　　　] 속에서 이야기를 나눌 수 있었다.

4 '위(圍)' 자를 넣어, 밑줄 친 곳에 공통으로 들어갈 어휘를 쓰세요.

> • 적들이 성 주변을 _____했다.
> • 장군은 뛰어난 전략으로 적군의 _____을/를 뚫고 아군이 있는 곳까지 갈 수 있었다.

[✎　　　　]

● '두루 주(周)'나 '에워쌀 위(圍)'가 들어가는 어휘를 넣어서 글을 써 보세요.

평소 아무 생각 없이 다녔던 집 근처를 걸으며, 주변 풍경을 찬찬히 살펴 보세요. 건물, 도로, 나무, 사람들……. 자, 뭔가 새롭게 느껴지는 것이 있나요? 자신이 본 것과 그 느낌을 간단하게 써 보세요.

도움말 주변, 원주율, 일주 등에 '두루 주(周)'가 들어가요.
주위, 분위기, 범위 등에 '에워쌀 위(圍)'가 들어가요.

예 집 주변을 천천히 걸어보니, 이웃과 대화를 나누는 사람들의 웃음소리가 여기저기에서 들렸다. '내가 이런 따뜻한 분위기 속에서 지내고 있구나.'하는 생각이 들었다.

따라 쓰며 **한자 力** 완성해요

周	圍			
두루 주	에워쌀 위			

오늘의 학습을 평가해 보아요. 😞 부족함 😐 보통임 😊 잘함

17 한가(閑暇)

겨를*이 생겨 여유가 있음.

'겨를'은 어떤 일을 하다가 생각을 다른 데로 돌릴 수 있는 시간적인 여유를 말해요. '틈'과 비슷한 뜻이지요.

閑 한가할 한

영상으로 필순 보기

'門(문 문)'과 '木(나무 목)'을 합한 글자로, 문을 막아 자신만의 시간이 생겼다는 데서 '한가하다'를 뜻합니다.

暇 틈/겨를 가

영상으로 필순 보기

'日(날 일)'과 '叚(빌릴 가)'를 합한 글자로, 날을 빌린다는 데서 '틈', '겨를'을 뜻합니다.

◯ **[1~4]** 다음 어휘를 살펴보고, 빈칸에 알맞은 어휘를 찾아 한글로 쓰세요.

사회 **한적**	한가할 閑, 고요할 寂
국어 **농한기**	농사 農, 한가할 閑, 기약할 期
실과 **휴가**	쉴 休, 틈/겨를 暇
국어 **여가**	남을 餘, 틈/겨를 暇

한 가
한가할 閑 · 틈/겨를 暇

1 이번 여름 ☐☐☐ 에는 시원한 바다로 떠나 볼까?

↳ 직장, 학교, 군대 등의 단체에서, 일정한 기간 동안 쉬는 일.

2 이곳은 건물이 적고 사람이 많지 않아 ☐☐☐ 합니다.

↳ 한가하고 고요함.

3 '정관헌'은 고종 황제가 커피를 마시며 ☐☐☐ 을/를 즐기던 곳입니다.

↳ 일이 없어 남는 시간.

4 ☐☐☐ 에 접어들면 새끼를 꼬고 줄을 만들어 줄다리기를 준비했어요.

↳ 농사일이 바쁘지 않아 여유가 많은 때.

문제로 어휘 力 높여요

1 빈칸에 알맞은 어휘를 쓰세요.

1 ☐ 철에는 물놀이 안전사고를 주의합시다.

↳ 직장, 학교, 군대 등의 단체에서, 일정한 기간 동안 쉬는 일.

2 평일이라 그런지 놀이동산이 아주 ☐ 했어요.

↳ 한가하고 고요함.

2 다음 중 '한가(閑暇)'를 잘못 쓴 문장을 고르세요.

① 아침부터 할 일이 많아 너무 한가했어.

② 오늘따라 가게에 손님이 없어 한가하구나.

③ 한가할 때 고향에 한번 다녀오려고 합니다.

④ 한동안 일이 없어 한가했는데 다시 바빠졌어.

⑤ 한가하다고 그렇게 매일 빈둥거려서는 안 된다.

3 다음 대화를 읽고, 밑줄 친 곳에 알맞은 어휘를 쓰세요.

> 삼촌: 영지야, 이번 달은 농번기라 시간이 나지 않아서 놀러 가기 어려울 것 같구나.
> 영지: 삼촌, 농번기가 뭐예요?
> 삼촌: 농사일이 매우 바쁜 시기를 농번기라고 한다.
> 영지: 아, 그러면 _____의 반대말이군요!

4 '가(暇)' 자를 넣어, 빈칸에 들어갈 어휘를 쓰세요.

> 저는 주말에는 좋아하는 책을 보면서 ☐ 을/를 즐기고 있어요.

80

글 쓰며 **표현力** 높여요

정답과 해설 123쪽

○ '한가할 한(閑)'이나 '틈/겨를 가(暇)'가 들어가는 어휘를 넣어서 글을 써 보세요.

정신없이 바빴던 과제를 마무리하고, 드디어 내게 여유를 누릴 수 있는 시간이 찾아왔어요! 평소에 시간이 나면 하고 싶었던 일이 무엇인가요? 이를 떠올려 나의 여가 활동 계획을 세워 봅시다.

도움말 한적, 농한기, 한산 등에 '한가할 한(閑)'이 들어가요.
한가, 휴가, 여가 등에 '틈 가(暇)'가 들어가요.

예 책을 좋아하시는 아버지는 농한기 때 독서를 많이 하십니다. 저도 아버지를 본받아 한적한 시간에 책을 읽으며 마음의 양식을 쌓을 생각입니다.

따라 쓰며 **한자力** 완성해요

閑	暇			
한가할 한	틈/겨를 가			

오늘의 학습을 평가해 보아요. 😟 부족함 😐 보통임 😊 잘함

18

혼잡(混雜)

여럿이 한데 뒤섞이어 어수선함.

混 섞을 혼

영상으로 필순 보기

'氵(水, 물 수)'와 '뒤섞이다'라는 뜻이 있는 '昆(형 곤)'을 합한 글자로, 물이 뒤섞인다는 데서 '섞다'를 뜻합니다.

雜 섞일 잡

영상으로 필순 보기

뜻을 나타내는 '隹(새 추)'와 음을 나타내는 '集(모일 집 → 잡)'을 합한 글자로, 새가 많이 섞여 있다는 데서 '섞이다'를 뜻합니다.

정답과 해설 124쪽

○ [1~4] 예문을 보고, 어휘의 알맞은 뜻을 찾아 ✓표를 하세요.

수학

혼 합
섞을 混 　합할 合

자연수의 **혼합** 계산에서 어떤 순서로 계산해야 할지 알아봅시다.

↘ 1 　✓ 뒤섞어서 한데 합함.

　　　☐ 서로 나뉘어 떨어짐.

미술

혼 용
섞을 混 　쓸 用

다양한 재료와 도구를 **혼용**할 수 있도록 한다.

↘ 2 　☐ 한데 섞어 쓰거나 아울러 씀.

　　　☐ 성질이나 종류에 따라 차이가 남.

실과

잡 곡
섞일 雜 　곡식 穀

오늘 급식으로 **잡곡**밥과 두부 구이, 오이생채, 달걀찜이 나왔습니다.

↘ 3 　☐ 벼의 겉껍질만 벗겨 낸 쌀.

　　　☐ 보리, 밀, 콩 등의 쌀 이외의 모든 곡식.

사회

복 잡
겹칠 複 　섞일 雜

도시의 중심지는 건물이 많아 **복잡**해 보입니다.

↘ 4 　☐ 몹시 바쁘게 뛰어다님.

　　　☐ 복작거리어 혼잡스러움.

1 밑줄 친 어휘의 뜻으로 알맞은 것에 ◯표를 하세요.

> 균형 잡힌 식생활을 위해 쌀밥과 <u>잡곡</u>밥을 골고루 먹었습니다.
> ↘ (쌀 | 밀 | 보리) 이외의 모든 곡식.

2 빈칸에 들어갈 어휘를 고르세요.

> 노란색 물감과 파란색 물감을 [   ]하면 초록색이 됩니다.

① 혼동   ② 혼합   ③ 혼탁   ④ 혼란   ⑤ 혼선

3 빈칸에 알맞은 어휘를 쓰세요.

1 할머니가 읽으시는 책에는 한자와 한글이 [   ]되어 있습니다.
↘ 한데 섞어 쓰거나 아울러 씀.

2 몇 번 가 본 곳이지만 길이 너무 [   ]해서 쉽게 찾아가기 어려웠다.
↘ 복작거리어 혼잡스러움.

4 밑줄 친 부분과 뜻이 비슷한 어휘에 ✔표를 하세요.

> 수업이 끝나자 복도에 각 반에서 쏟아져 나온 아이들이 <u>뒤섞여 어수선해졌습니다</u>.

[ ] 한적하다   [ ] 혼잡하다   [ ] 광활하다

○ '섞을 혼(混)'이나 '섞일 잡(雜)'이 들어가는 어휘를 넣어서 글을 써 보세요.

쉬는 시간에 너무 시끄러워 책을 읽을 수가 없었어요. 학급 회의 시간에 '쉬는 시간 예절'에 대해 친구들에게 건의할 내용을 적어 보세요.

> **도움말** 혼잡, 혼합, 혼용, 혼란 등에 '섞을 혼(混)'이 들어가요.
> 복잡, 번잡, 잡담, 잡념 등에 '섞일 잡(雜)'이 들어가요.

예 쉬는 시간에 교실에서 뛰어다니며 노는 친구들이 많아 혼잡스럽고 위험합니다. 조용히 쉬고 싶은 친구들도 있으니, 교실이 너무 혼란스럽지 않도록 서로 배려해 주면 좋겠습니다.

따라 쓰며 **한자**力 완성해요

混	雜				
섞을 혼	섞일 잡				

오늘의 학습을 평가해 보아요. ☹ 부족함 ☺ 보통임 ☺ 잘함

19

간략(簡略)

간단하고 짤막함.

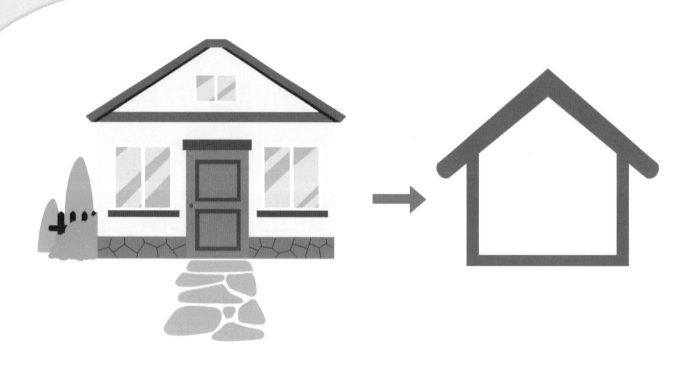

簡 간략할 간

영상으로
필순 보기

'⺮(竹, 대나무 죽)'과 '間(사이 간)'을 합하여 대나무에 간단하게 적어
보내던 편지를 표현한 글자로, '간략하다'를 뜻합니다.

略 간략할 략

영상으로
필순 보기

'田(밭 전)'과 '各(각각 각)'이 합한 글자로, 각자의 논밭을 다스린다는
뜻으로 쓰이다가 '간략하다'라는 뜻이 생겼습니다.

○ **[1~4]** 다음 어휘를 살펴보고, 빈칸에 알맞은 어휘를 찾아 한글로 쓰세요.

1 인터넷으로 신선 식품을 ⬚ 하게 주문할 수 있어요.

↳ 간단하고 편리함.

2 볼록 렌즈로 ⬚ 사진기를 만들어 물체를 관찰해 봅시다.

↳ 어떤 물건의 내용, 형식이나 시설 등을 줄이거나 간편하게 한 상태.

3 강조할 부분과 ⬚ 할 부분을 정하여 색의 수를 줄입니다.

↳ 전체에서 일부를 줄이거나 뺌.

'원문'은 원래 쓰인 대로의 글 전체를 말해.

4 책에서 ⬚ (이)라고 된 부분의 내용이 궁금하여 원문*을 찾아 읽었다.

↳ 글이나 말의 중간 일부를 줄임.

1 대화의 내용으로 보아, 엄마의 말로 알맞은 것에 ○표를 하세요.

> 지영: 엄마, 책을 읽는데 '중략'이라는 말이 나왔어요. 이건 무슨 뜻인가요?
>
> 엄마: 글이나 말의 (윗부분을 | 중간 일부를 | 아랫부분을) 줄였다는 뜻이지.

2 다음 어휘와 뜻이 비슷한 어휘에 ○표를 하세요.

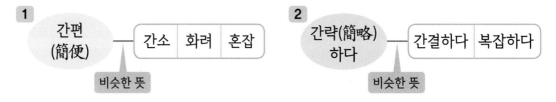

3 빈칸에 '략(略)' 자가 들어간 어휘를 쓰세요.

4 밑줄 친 어휘와 바꾸어 쓸 수 있는 어휘를 고르세요.

> 우드락, 종이, 고무줄을 활용하여 <u>간단한</u> 현악기를 만들어 봅시다.

① 정밀   ② 간이   ③ 인간   ④ 상세   ⑤ 전문

○ '간략할 간(簡)'이나 '간략할 략(略)'이 들어가는 어휘를 넣어서 글을 써 보세요.

수학 문제를 풀다가 어려운 것이 있어서, 가족에게 물어봤는데, 설명을 들어도 잘 모르겠어요. 조금 더 쉽게 설명해 달라고 부탁해 볼까요?

도움말 간편, 간단, 간결 등에 '간략할 간(簡)'이 들어가요.
간략, 중략, 생략 등에 '간략할 략(略)'이 들어가요.

예 누나, 처음에 알려 준 내용이 너무 길고 복잡해서 이해하기가 어려워. 조금 더 간략하게 설명해 줄 수 없을까? 설명이 간결하면 나도 금방 이해할 수 있을 것 같아.

따라 쓰며 **한자** **완성해요**

簡	略			
간략할 간	간략할 략			

오늘의 학습을 평가해 보아요. 😞 부족함 😐 보통임 😊 잘함

89

20 각인(刻印)

① 도장을 새김. ② 머릿속에 새겨 넣듯 깊이 기억됨.

刻 새길 각

 영상으로 필순 보기

'亥(돼지 해)'와 '刀(칼 도)'를 합한 글자로, 잡은 돼지를 도살한다는 의미에서 무엇을 '새기다'를 뜻하게 되었습니다.

印 도장 인

 영상으로 필순 보기

사람을 손[爪]으로 눌러 무릎 꿇리는[卩] 모양을 나타낸 글자로, '찍다', '누르다'라는 뜻으로 쓰이다가 '도장'을 뜻하게 되었습니다.

◎ [1~4] 다음 어휘를 살펴보고, 빈칸에 알맞은 어휘를 찾아 한글로 쓰세요.

미술
조각 새길 彫, 새길 刻

국어
정각 바를 正, 새길 刻

사회
인쇄 도장 印, 인쇄할 刷

국어
인상 도장 印, 모양 象

각 인
새길 刻   도장 印

1 지렁이는 정확히 네 시 [   ]에 땅 위로 고개를 내밀었어요.

↳ 틀림없는 바로 그 시각.

2 '환조'는 입체적으로 [   ]하여 사방에서 감상할 수 있는 기법이다.

↳ 재료를 새기거나 깎아서 입체 형상을 만듦.

3 금속 활자로 [   ]하려면 먹과 종이 만드는 기술이 발달해야 했다.

↳ 글, 그림, 사진 등을 종이나 천 등에 박아 냄.

4 [   ] 깊게 읽었던 장면을 떠올리고 왜 그렇게 생각했는지 까닭을 써 보자.

↳ 어떤 대상에 대하여 마음속에 새겨지는 느낌.

1 빈칸에 '각(刻)' 자가 들어간 어휘를 쓰세요.

> 혜림: 점심을 못 먹었더니 배가 고프네. 지금 몇 시지?
>
> 민수: 지금 세 시 [   ]이야.

2 문장에서 알맞은 어휘를 괄호 안에서 골라 ○표를 하세요.

1 오늘 하루 (인상 | 인기) 깊었던 일을 떠올려 일기를 썼다.

2 책 중간에 그림이 지워진 것을 보니 (인쇄 | 인물)이/가 잘못된 것 같아.

3 밑줄 친 부분과 뜻이 가장 비슷한 어휘에 ✔표를 하세요.

> 갓난아이인 동생을 처음 봤던 순간은 내 <u>기억 속에 깊이 새겨져 있어.</u>

[ ] 각인   [ ] 각성   [ ] 생각

4 다음 질문의 답에 해당하는 문장의 기호를 쓰세요.

> 질문: 밑줄 친 '조각'이 '재료를 새기거나 깎아서 입체 형상을 만듦.'을 뜻하는 문장은?
>
> ㉠ 피자가 모두 여덟 <u>조각</u>이니 두 <u>조각</u>씩 나눠 먹자.
>
> ㉡ 깨진 유리 <u>조각</u>에 발이 다치지 않도록 조심하세요.
>
> ㉢ 미술 시간에 배운 대로 나무를 깎아 토끼를 <u>조각</u>해야지.

[✎   ]

정답과 해설 126쪽

글 쓰며 **표현力** 높여요

○ '새길 각(刻)'이나 '도장 인(印)'이 들어가는 어휘를 넣어서 글을 써 보세요.

지금 가깝게 지내는 사람과 처음 만났을 때 느낌이 어땠는지 기억하나요? 첫인상과 똑같은 느낌인 사람도 있고, 전혀 다른 사람도 있어요. 내 주변 사람을 처음 만났을 때와 지금의 느낌을 비교하여 이야기해 보세요.

도움말 각인, 조각, 정각, 지각 등에 '새길 각(刻)'이 들어가요.
인쇄, 인상 등에 '도장 인(印)'이 들어가요.

예 교내 합창단 단원으로 처음 연습실에 모인 날, 제일 먼저 와서 각인된 친구가 있어요. 정말 부지런하다고 생각했는데, 그 후로도 친구가 지각한 것을 본 적이 없어요. 첫인상 그대로더라고요.

따라 쓰며 **한자力** 완성해요

刻	印				
새길 각	도장 인				

오늘의 학습을 평가해 보아요. (﹀﹀) 부족함 (ᴗᴗ) 보통임 (◠◡) 잘함

1~2 다음 글을 읽고, 물음에 답하세요.

부모님의 휴가(休暇) 기간에 맞춰 혼잡(混雜)한 도시를 떠나 조용한 시골로 여행을 갔다. 주변(周邊)에 숲이 우거져 있고, 분위기(雰圍氣)도 평화로운 곳이었다.

차를 타고 지나가는데 주위(周圍)의 논밭에서 여러 어른들이 함께 일하시는 모습을 보았다. 어머니께서 농가는 지금 농한기(農閑期)가 끝나고 한창 바쁜 때라, 한가(閑暇)할 틈이 없을 거라고 하셨다.

점심은 간편(簡便)하게 한 그릇에 모든 재료를 섞어 먹을 수 있는 잡곡(雜穀) 비빔밥이었다. 식사를 끝낸 후, 근처 공원에 세워져 있는 조각(彫刻) 작품을 구경하였다. 작은 책자에 작품에 대한 소개가 인쇄(印刷)되어 있었는데, 여러 가지 재료를 혼합(混合)하여 만든 작품이라고 했다. 특이한 모습이 무척 인상(印象) 깊었다.

1 이 글의 핵심 내용을 파악하여, 빈칸에 알맞은 말을 쓰세요.

{ 부모님의 ☐☐ 기간에 ☐☐로 여행갔던 일 }

2 이 글의 내용과 일치하는 것을 고르세요.

① 농한기여서 논밭에 사람이 없었다.
② 여행지는 혼잡하고 분위기가 어수선했다.
③ 휴가를 이용해 밭에서 일하기 체험을 했다.
④ 글쓴이는 조각의 특이한 모습이 인상 깊었다.
⑤ 공원에서 조각 작품을 구경한 뒤에 점심을 먹었다.

생활 속 성어 **각 주 구 검**
새길 刻 배 舟 구할 求 칼 劍

초나라 사람이 움직이는 배에서 칼을 물속에 떨어뜨리고 그 위치를 뱃전에 표시하였다가 배가 멈춘 뒤에 칼을 찾으려 했다는 데에서 유래한 말입니다. '융통성 없이 현실에 맞지 않은 낡은 생각을 고집하는 어리석음.'을 뜻합니다.

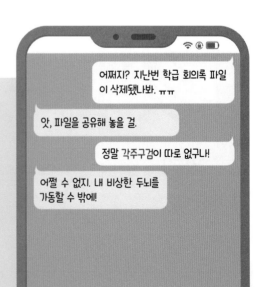

어쩌지? 지난번 학급 회의록 파일이 삭제됐나봐. ㅠㅠ

앗, 파일을 공유해 놓을 걸.

정말 각주구검이 따로 없구나!

어쩔 수 없지. 내 비상한 두뇌를 가동할 수 밖에!

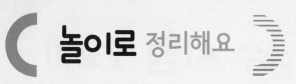

어휘의 뜻풀이가 맞으면 ○로, 틀리면 ×로 건너가서 개구리 친구에게 줄 선물을 골라 보세요.

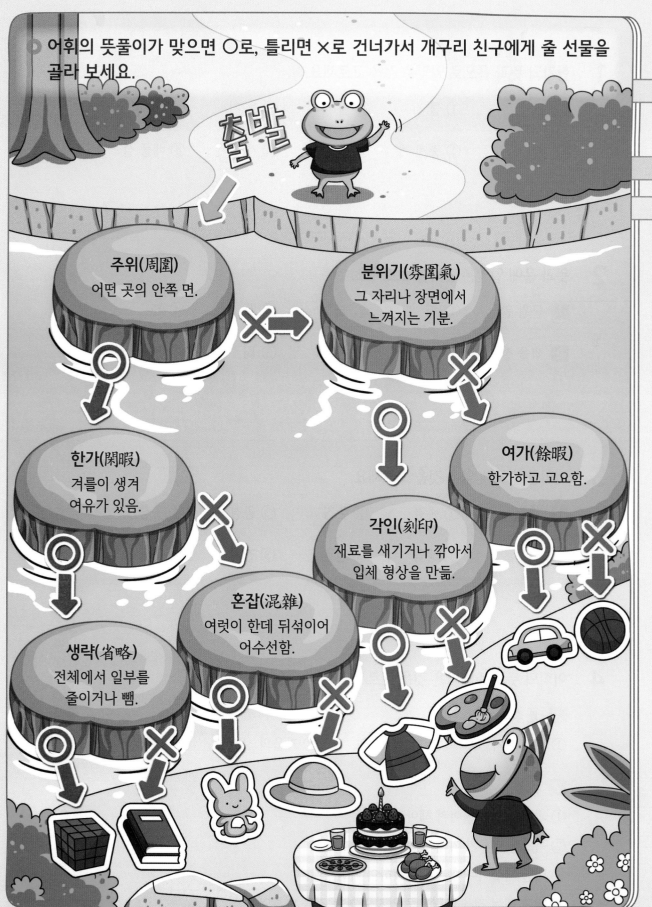

출발

주위(周圍)
어떤 곳의 안쪽 면.

분위기(雰圍氣)
그 자리나 장면에서 느껴지는 기분.

한가(閑暇)
겨를이 생겨 여유가 있음.

여가(餘暇)
한가하고 고요함.

각인(刻印)
재료를 새기거나 깎아서 입체 형상을 만듦.

혼잡(混雜)
여럿이 한데 뒤섞이어 어수선함.

생략(省略)
전체에서 일부를 줄이거나 뺌.

급수 시험 맛보기

1 한자의 뜻과 음으로 알맞은 것을 고르세요.

1 巨   ① 클 거   ② 일 사   ③ 둘 치   ④ 큰 대

2 聽   ① 층계 계   ② 들을 청   ③ 계절 계   ④ 베풀 설

2 뜻과 음에 알맞은 한자를 고르세요.

1 근원 원   ① 拒   ② 起   ③ 源   ④ 酒

2 꺾을 절   ① 乳   ② 屈   ③ 周   ④ 折

3 어휘를 바르게 읽은 것을 고르세요.

1 尊敬   ① 존경   ② 존칭   ③ 공경   ④ 공중

2 簡略   ① 생략   ② 간편   ③ 간략   ④ 간단

4 어휘의 뜻으로 알맞은 것을 고르세요.

1 夏季

① 봄의 시기.   ② 여름의 시기.   ③ 가을의 시기.   ④ 겨울의 시기.

2 推理

① 과거의 일을 돌이켜 헤아림.

② 목표를 이루기 위해 설득함.

③ 어떤 사실이나 내용을 분석하여 따짐.

④ 알고 있는 것을 바탕으로 알지 못하는 것을 미루어서 생각함.

5 밑줄 친 어휘를 바르게 읽은 것을 고르세요.

1 그에 대한 <u>刻印</u>은 좀체 지워지지 않는다.

① 기억   ② 각인   ③ 구인   ④ 인상

2 회의실에서는 열띤 <u>討論</u>이 벌어지고 있다.

① 언론   ② 토벌   ③ 토론   ④ 결론

6 밑줄 친 어휘를 한자로 바르게 쓴 것을 고르세요.

이 둘은 좌우로는 물론 상하로도 <u>대칭</u>이 되고 있다.

① 對稱   ② 對話   ③ 呼稱   ④ 大形

7 다음 한자와 뜻이 가장 비슷한 한자를 고르세요.

1 混   ① 合   ② 雜   ③ 否   ④ 粉

2 包   ① 容   ② 段   ③ 裝   ④ 圍

8 빈칸에 공통으로 들어갈 한자를 고르세요.

閑☐   休☐   餘☐

① 可   ② 節   ③ 甘   ④ 暇

정답과 해설

ⓦ 완자
공부력 가이드

완자 공부력 시리즈는
앞으로도 계속 출간될 예정입니다.

**국어
맞춤법
바로 쓰기**
1~2학년용
4책

쓰기력

**전과목
어휘**
1~6학년용
12책

**전과목
한자
어휘**
1~6학년용
12책

**영어
파닉스**
1~2학년용
2책

**영어
영단어**
3~6학년용
8책

어휘력

**국어
독해**
1~6학년용
12책

**한국사
독해**
인물편
3~6학년용
4책

**한국사
독해**
시대편
3~6학년용
4책

독해력

**수학
계산**
1~6학년용
12책

계산력

완자 공부력 시리즈로 공부 근육을 키워요!

매일 성장하는
초등 자기개발서
ⓦ 완자
공부력

학습의 기초가 되는 읽기, 쓰기, 셈하기와 관련된
공부력을 키워야 여러 교과를 터득하기 쉬워집니다.
또한 어휘력과 독해력, 쓰기력, 계산력을 바탕으로 한
'공부력'은 자기주도 학습으로 상당한 단계까지 올라갈 수
있는 밑바탕이 되어 줍니다. 그래서 매일 꾸준한 학습이 가능한
'완자 공부력 시리즈'로 공부하면 자기주도학습이 가능한
튼튼한 공부 근육을 키울 수 있을 것이라 확신합니다.

효과적인 공부력 강화 계획을 세워요!

○ 학년별 공부 계획
내 학년에 맞게 꾸준하게 공부 계획을 세워요!

		1-2학년	3-4학년	5-6학년
기본	독해	국어 독해 1A 1B 2A 2B	국어 독해 3A 3B 4A 4B	국어 독해 5A 5B 6A 6B
	계산	수학 계산 1A 1B 2A 2B	수학 계산 3A 3B 4A 4B	수학 계산 5A 5B 6A 6B
	어휘	전과목 어휘 1A 1B 2A 2B	전과목 어휘 3A 3B 4A 4B	전과목 어휘 5A 5B 6A 6B
		파닉스 1 2	영단어 3A 3B 4A 4B	영단어 5A 5B 6A 6B
확장	어휘	전과목 한자 어휘 1A 1B 2A 2B	전과목 한자 어휘 3A 3B 4A 4B	전과목 한자 어휘 5A 5B 6A 6B
	쓰기	맞춤법 바로 쓰기 1A 1B 2A 2B		
	독해		한국사 독해 인물편 1 2 3 4	
			한국사 독해 시대편 1 2 3 4	

시기별 공부 계획

학기 중에는 **기본**, 방학 중에는 **기본 + 확장**으로 공부 계획을 세워요!

방학 중			
학기 중			
기본			**확장**
독해	계산	어휘	어휘, 쓰기, 독해
국어 독해	수학 계산	전과목 어휘	전과목 한자 어휘
		파닉스(1~2학년) 영단어(3~6학년)	맞춤법 바로 쓰기(1~2학년) 한국사 독해(3~6학년)

예시 **초1 학기 중 공부 계획표** 주 5일 하루 3과목 (45분)

월	화	수	목	금
국어 독해	국어 독해	국어 독해	국어 독해	국어 독해
수학 계산	수학 계산	수학 계산	수학 계산	수학 계산
전과목 어휘	파닉스	전과목 어휘	전과목 어휘	파닉스

예시 **초4 방학 중 공부 계획표** 주 5일 하루 4과목 (60분)

월	화	수	목	금
국어 독해	국어 독해	국어 독해	국어 독해	국어 독해
수학 계산	수학 계산	수학 계산	수학 계산	수학 계산
전과목 어휘	영단어	전과목 어휘	전과목 어휘	영단어
한국사 독해 인물편	전과목 한자 어휘	한국사 독해 인물편	전과목 한자 어휘	한국사 독해 인물편

01 거사(巨事)

○ '클 거(巨)'와 '일 사(事)'가 들어간 어휘

본문 9쪽

1 마티스는 20세기 현대 미술의 [거장]입니다.

2 친환경 농업의 실천 [사례]을/를 조사해 봅시다.

3 자연사 박물관에서는 옛날에 살았던 [거대]한 동물의 뼈를 볼 수 있습니다.

4 근거를 설명할 때 책, 신문 [기사], 통계 등 다양한 자료를 예로 들 수 있어요.

문제로 어휘⼒높여요

본문 10쪽

1 ① 거창한 ② 뛰어난

① '거사'는 '巨(클 거)'와 '事(일 사)'가 합한 어휘로, '매우 거창한 일.'을 뜻한다.
② '거장'은 '巨(클 거)'와 '匠(장인 장)'이 합한 어휘로, '어느 일정 분야에서 특히 뛰어난 사람.'을 뜻한다.

2 대형

'거대(巨大)'는 '클 거(巨)'와 '큰 대(大)'를 써서 엄청나게 크다는 의미를 나타낸다. 이와 뜻이 비슷한 어휘는 '대형'이다. '대형'은 '큰 대(大)'와 '모형 형(型)'을 써서 같은 종류의 사물 가운데 큰 규격이나 규모를 의미한다.

3 기사

'기사(記事)'는 '신문이나 잡지 등에서, 어떠한 사실을 알리는 글.'을 가리키는 말이다. 두 문장 모두 신문에 실리는 글에 대한 내용이므로 빈칸에 공통으로 들어갈 어휘는 '기사'가 적절하다.

4 ⓒ

㉠, ㉢의 '사례(事例)'는 '事(일 사)'와 '例(법식 례)'가 합한 어휘로, '어떤 일이 전에 실제로 일어난 예.'를 뜻한다. ⓒ의 '사례(謝禮)'는 '謝(사례할 사)'와 '禮(예도 례)'가 합한 어휘로, '언행이나 선물 따위로 상대에게 고마운 뜻을 나타냄.'을 뜻한다.

글 쓰며 표현⼒높여요

본문 11쪽

예시 이번 경연에서 장천재는 딱딱한 사물도 환상 속 세상에서 춤추듯 생기가 넘치도록 연주한다는 평가를 받았다. 세계 음악 경연이라는 거사를 치르고 온 피아노계의 거장 장천재. 그가 앞으로 어떤 연주를 들려줄지 기대된다.

02 계절(季節)

○ '계절 계(季)'와 '마디 절(節)'이 들어간 어휘   본문 13쪽

1	사계(四季)	☑ 봄·여름·가을·겨울의 네 철.
		☐ 계절마다 달라지는 네 가지 계획.
2	하계(夏季)	☑ 여름의 시기.
		☐ 낮은 곳의 위치.
3	관절(關節)	☐ 몸을 지탱하는 단단한 물질.
		☑ 뼈와 뼈가 서로 맞닿아 연결되어 있는 곳.
4	시절(時節)	☑ 일정한 시기나 때.
		☐ 일정한 위치나 지점.

(문제로 **어휘**力높여요)   본문 14쪽

1 **1** 계절   **2** 사계

2 **1** 여름 하(夏)   **2** 계절 계(季)
'하계(夏季)'는 '여름의 시기.'를 뜻하는 어휘로, '여름 하(夏)'와 '계절 계(季)'가 쓰인다.

3 몸을 웅크리고 잠을 잤더니 관절이 쿡쿡 쑤신다.
'관절(關節)'은 뼈와 뼈가 서로 맞닿아 연결되어 있는 곳을 의미하는 어휘로, '마디 절(節)'이 쓰인다. '기절(氣絶)', '거절(拒絶)'에는 '끊을 절(絶)'이 쓰인다.

4 **1** ㄴ   **2** ㄱ
'시절(時節)'은 문장에 따라 다양한 뜻으로 쓰인다. **1** 은 날씨가 좋아서 큰 수확을 얻었다는 내용이므로, '시절'은 '철에 따르는 날씨.'를 뜻한다. **2** 는 어렸던 때로 돌아가고 싶다는 내용이므로, '시절'은 '일정한 시기나 때.'를 의미한다.

(글 쓰며 **표현**力높여요)   본문 15쪽

예시 저는 이번 하계 올림픽에 출전할 체조 선수입니다. 작년에 무릎 관절을 다쳐 출전 여부가 불투명했어요. 모두 응원해 주신 덕분에, 다행히 계절이 가기 전에 회복했습니다. 보답하는 마음으로 열심히 뛰겠습니다!

기원(起源)

○ '일어날 기(起)'와 '근원 원(源)'이 들어간 어휘 본문 17쪽

1 하루 일과는 아침 6시 반 [기상](으)로 시작된다.

2 특히 로봇 개발에 필요한 [원천] 기술에 더 집중해야 합니다.

3 동학 농민들은 [봉기]을/를 일으켜 관리들의 수탈에 저항하였습니다.

4 [자원]을/를 절약하고 환경 오염을 줄여 지속 가능한 미래를 이룰 수 있다.

문제로 어휘力 높여요 본문 18쪽

1 ④
'봉기(蜂起)', '환기(喚起)'의 '기' 자는 모두 '起(일어날 기)'로, '일어나다'라는 뜻을 나타낸다.

2 취침
'기상(起牀)'은 잠자리에서 일어난다는 뜻으로, 이와 뜻이 반대인 어휘는 잠자리에 들어 잠을 잔다는 의미의 '취침(就 나아갈 취, 寢 잘 침)'이다. '기침'은 목 안의 점막이 자극을 받아 갑자기 숨소리를 터트려 내는 일을 뜻하고, '방침(方 모 방, 針 바늘 침)'은 앞으로 일을 치러 나갈 방향과 계획을 뜻한다.

3 자원
'자원(資源)'은 인간 생활 및 경제 생산에 이용되는 원료, 노동력, 기술 등을 통틀어 이르는 말이다. 첫 번째 문장은 생활이나 생산에 이용되는 물질을 줄여 쓰레기의 양을 줄일 수 있다는 내용이고, 두 번째 문장은 생활이나 생산에 이용할 수 있는 물자나 노동력 등이 풍부하다는 내용이므로, 밑줄 친 곳에 공통으로 들어갈 어휘는 '자원'이 적절하다.

4 결실
'원천(源泉)'은 사물의 근원이라는 의미이다. '바탕'은 사물이나 현상의 근본을 이루는 것, '근원'은 사물이 비롯되는 근본이나 원인, '뿌리'는 사물이나 현상을 이루는 근본을 비유적으로 이르는 말로, 모두 '원천'과 바꾸어 쓸 수 있다. 그러나 '결실(結實)'은 일의 결과가 잘 맺어짐. 또는 그런 성과를 의미하므로, '원천'과 바꾸어 쓰면 문장의 내용이 달라지게 된다.

글 쓰며 표현力 높여요 본문 19쪽

예시 산에 올라가면서 자연을 구경하는 시간이, 나에겐 한 주를 살아가는 힘의 원천이야. 정상에 올라서 심호흡할 때의 그 상쾌함과 뿌듯한 마음을 떠올리면, 주말이라도 저절로 일찍 기상하게 돼.

감주(甘酒)

○ '달 감(甘)'과 '술 주(酒)'가 들어간 어휘   본문 21쪽

1 칠레의 온대 기후 지역에서는 [포도주]를 생산합니다.

2 할머니는 [감초]를 넣어 달인 한약을 매일 드십니다.

3 [음주]가 우리 몸에 끼치는 피해와 위험성을 알고 이를 예방해 봅시다.

4 사람들은 불편함을 [감수]하고 우체통 속에 둥지를 튼 새를 보호했습니다.

문제로 어휘 力 높여요 본문 22쪽

1   1 감주   2 감초
    1 엿기름을 우린 물에 밥알을 넣고 삭혀서 끓이면 그렇다고 했으므로, '감주(甘酒)'가 들어가야 한다.
    2 한약을 달일 때 단맛을 내기 위해 넣는 풀이라고 했으므로, '감초(甘草)'가 들어가야 한다.

2 이 책은 저명한 학자의 <u>감수</u>를 받은 것입니다.
    '감수'는 '달 감(甘)'과 '받을 수(受)'를 쓰면 책망이나 괴로움 등을 달갑게 받아들인다는 의미이고, '볼 감(監)'과 '닦을 수(修)'를 쓰면 책의 저술이나 편찬 따위를 지도하고 감독한다는 의미이다. 두 번째, 세 번째 문장에서 자전거를 배울 때 여러 번 넘어지는 것과, 성공을 이루기 전 고통을 겪었던 것은 책망이나 괴로움을 받아들인다는 의미인 '감수(甘受)'로 쓰였다. 첫 번째 문장에서는 책의 저술이나 편찬 따위를 지도하고 감독했다는 의미인 '감수(監修)'로 쓰였다.

3 ③
    제시된 어휘는 모두 '술'과 관련이 있다. 그러므로 '술 주(酒)'를 넣어 '안주(按酒)', '주막(酒幕)', '약주(藥酒)'가 되어야 적절하다.

4 음주
    제시된 문장은 술을 마시고 운전하면 안 된다는 내용이므로, 밑줄 친 곳에 공통으로 들어갈 어휘는 '술을 마심.'을 뜻하는 '음주(飮酒)'이다.

글 쓰며 표현 力 높여요 본문 23쪽

예시 문득 포도주를 즐겨 드시는 할아버지의 모습이 떠올라 편지를 써요. 건강을 위해서 음주는 되도록 줄이시는 것이 좋다고 생각해요. 제가 술보다 더 달고 맛있는 감주를 사서 찾아뵐게요.

05 분유(粉乳)

○ '가루 분(粉)'과 '젖 유(乳)'가 들어간 어휘   본문 25쪽

1 분말 주스를 물에 넣으면 어떻게 될까요?

2 우유 은/는 자주 먹는 식품이므로 냉장고 문 쪽에 보관합니다.

3 포유류 에 해당하는 동물은 고양이, 개, 다람쥐 등이 있습니다.

4 친구들과 분식점 에서 다수결로 음식을 정하여 주문했습니다.

⟩ 문제로 어휘 力 높여요 ⟨ ──────────── 본문 26쪽

1 유

제시된 문장은 모두 '젖', 또는 '젖을 먹이다'와 관련이 있다. '수유실(授乳室)'은 '아기의 어머니가 아기에게 젖을 먹이도록 따로 마련해 놓은 방.'을 가리키는 어휘이다. '분유(粉乳)'는 '우유를 가루로 만든 것.'을, '모유(母乳)'는 '어머니의 젖.'을 가리키는 어휘이다. 따라서 빈칸에 공통으로 들어가는 한자의 음은 '유'이다.

2 ③

고래는 새끼가 어느 정도 자라면 출산해서 젖을 먹여 키운다고 말하고 있으므로, 빈칸에는 주로 젖을 먹여 새끼를 키우는 동물인 '포유류(哺乳類)'가 알맞다.
① 조류(鳥類): 鳥(새 조). 날개가 있고 온몸이 깃털로 덮여 있으며 알을 낳는 짐승. ② 어류(魚類): 魚(물고기 어). 물속에서 살며 아가미로 호흡을 하는 모든 물고기 종류. ④ 양서류(兩棲類): 兩(두 양), 棲(깃들일 서). 어류와 파충류의 중간으로, 땅 위 또는 물속에서 사는 동물. ⑤ 파충류(爬蟲類): 爬(긁을 파), 蟲(벌레 충). 거북, 악어, 뱀 등 주로 땅 위에서 살며 피부는 비늘로 덮여 있고 허파로 숨을 쉬는 동물.

3 1 분식   2 우유

1 떡볶이나 라면과 같은 음식을 말하고 있으므로, 빈칸에 '밀가루 따위로 만든 음식을 먹음. 또는 그 음식.'을 뜻하는 '분식'이 알맞다.
2 농가에서 젖소를 활용해 무언가를 공급하고 있다는 내용이므로, 빈칸에 '소의 젖이나 그것을 살균하여 만든 음료.'를 뜻하는 '우유'가 알맞다.

4 분말

'가루'는 '딱딱한 물건을 보드라울 정도로 잘게 부수거나 갈아서 만든 것.'을 의미한다. '분말(粉末)'은 이와 거의 비슷한 의미이다.

⟩ 글 쓰며 표현 力 높여요 ⟨ ──────────── 본문 27쪽

예시 오늘은 함께 빙수를 만들어 보자. 먼저 냉동실에 얼려 둔 우유를 잘게 분쇄해야 해. 그리고 그 위에 팥이나 과일을 올리는 거야. 마지막으로 연유를 부어 주면 돼. 생각보다 간단하지? 자, 먼저 냉장고에 우유가 있는지 확인해 볼까?

독해로 마무리해요 ─────────────────────────────────────── 본문 28쪽

1 기원

이 글은 우리 고유의 음식인 김치의 기원과, 김치에 포함된 항산화 물질이 면역력 증진에 도움이 된다는 효능에 대해 설명하고 있다.

2 ⑤

이 글에서 김치의 기원은 소금에 절여 장기 보관한 형태의 음식으로 추측된다고 말하고 있으므로, 소금에 절인 채소를 짧은 기간 보관한 형태의 음식에서 시작되었다는 설명은 알맞지 않다.

놀이로 정리해요 ─────────────────────────────────────── 본문 29쪽

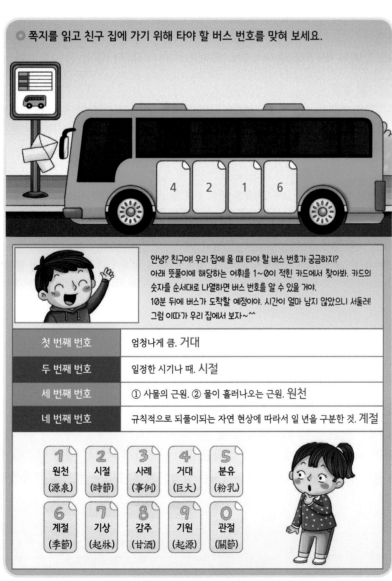

◉ 쪽지를 읽고 친구 집에 가기 위해 타야 할 버스 번호를 맞혀 보세요.

4 2 1 6

안녕? 친구야! 우리 집에 올 때 타야 할 버스 번호가 궁금하지?
아래 뜻풀이에 해당하는 어휘를 1~⓪이 적힌 카드에서 찾아봐. 카드의
숫자를 순서대로 나열하면 버스 번호를 알 수 있을 거야.
10분 뒤에 버스가 도착할 예정이야. 시간이 얼마 남지 않았으니 서둘러!
그럼 이따가 우리 집에서 보자~^^

첫 번째 번호	엄청나게 큼. 거대
두 번째 번호	일정한 시기나 때. 시절
세 번째 번호	① 사물의 근원. ② 물이 흘러나오는 근원. 원천
네 번째 번호	규칙적으로 되풀이되는 자연 현상에 따라서 일 년을 구분한 것. 계절

1 원천 (源泉) 2 시절 (時節) 3 사례 (事例) 4 거대 (巨大) 5 분유 (粉乳)

6 계절 (季節) 7 기상 (起牀) 8 감주 (甘酒) 9 기원 (起源) 0 관절 (關節)

경청(傾聽)

○ '기울 경(傾)'과 '들을 청(聽)'이 들어간 어휘

본문 31쪽

1	경사(傾斜)	☐ 축하할 만한 기쁜 일. ☑ 비스듬히 기울어짐. 또는 그런 상태나 정도.
2	경향(傾向)	☐ 귀를 기울여 열심히 들음. ☑ 현상이나 사상, 행동 등이 어떤 방향으로 기울어짐.
3	청중(聽衆)	☐ 여러 사람에게 강연이나 설교를 하는 무리. ☑ 강연이나 설교, 음악 등을 듣기 위하여 모인 사람들.
4	시청자(視聽者)	☑ 텔레비전의 방송 프로그램을 시청하는 사람. ☐ 지방 행정 구역에서 주로 사무를 맡아보는 사람.

문제로 어휘 力 높여요

본문 32쪽

1 귀를 기울여

'경청'은 '기울 경(傾)'에 '들을 청(聽)'을 써서 귀를 기울여 듣는다는 의미를 지닌다.

2 1 경사 2 경향

1 산에 올라가기가 힘들다고 하였으므로 '비스듬히 기울어짐. 또는 그런 상태나 정도.'를 의미하는 '경사(傾斜)'가 들어가야 한다.
2 화가 나면 말수가 적어진다고 하였으므로 '현상이나 사상, 행동 등이 어떤 방향으로 기울어짐.'을 의미하는 '경향(傾向)'이 들어가야 한다.

3 ②

'청강', '청각', '보청기' 세 어휘에는 모두 '聽(들을 청)'이 쓰여 '듣다'라는 뜻이 포함되어 있다. '청강(聽講)'에는 '講(강의할 강)'이 쓰였고, '청각(聽覺)'에는 '覺(깨달을 각)'이 쓰였다. '보청기(補聽器)'에는 '補(도울 보)'와 '器(그릇 기)'가 쓰였다.

4 1 시청자 2 청중

경환이의 말로 미루어 볼 때 유미는 '청중'을 '시청자'로 잘못 말했음을 알 수 있다. 따라서 1 에는 텔레비전의 방송 프로그램을 보는 사람을 의미하는 '시청자(視聽者)'가 들어가야 한다. 2 에는 공연을 보러 모인 사람들을 의미하는 '청중(聽衆)'이 들어가야 한다.

글 쓰며 표현 力 높여요

본문 33쪽

예시 청중 여러분, 요즘 초등학생들은 휴대 전화를 많이 사용하게 되면서, 정작 학교에서는 대인 관계를 어려워하는 경향이 있습니다. 서로에게 경청하는 방법을 배울 수 있는 활동을 교과서에 넣는 것은 어떨까요?

07 포용(包容)

본문 35쪽

○ '쌀 포(包)'와 '얼굴 용(容)'이 들어간 어휘

1 **포장** 되지 않은 길거리 음식은 주의해서 선택해요.

2 **미용** 실에서 머리카락을 자르는 것은 소비 활동에 해당합니다.

3 카드를 잘 섞은 후, 본인을 **포함** 하여 친구들에게 카드를 5장씩 나누어 줍시다.

4 우리의 **용모** 에서는 화기가 빛나야 한다.

문제로 어휘力 높여요

본문 36쪽

1 **미용**
더 아름다워지는 방법에 대한 글이므로, 아름답게 보이기 위해 얼굴, 머리카락 등을 다듬고 가꾸는 일을 의미하는 '미용(美容)'이 알맞다.

2 **1 포장   2 포함**
1 상자를 하얀 종이로 싸거나 꾸린 것이므로, 빈칸에는 '포장(包裝)'이 알맞다.
2 오늘 수업한 내용이 시험 범위에 함께 들어 있는 것이므로, 빈칸에는 '포함(包含)'이 알맞다.

3 **1 용모를   2 포용하는**
1 '생김새'는 생긴 모양새를 뜻하는 말로, 사람의 얼굴 모양인 '용모(容貌)'와 바꾸어 쓸 수 있다.
2 '감싸다'는 흉이나 허물을 덮어 준다는 의미이므로, 남을 너그럽게 감싸 주거나 받아들인다는 의미의 '포용(包容)하는'과 바꾸어 쓸 수 있다.

4 **1 ㉡   2 ㉠**
1 은 저장할 곳이 부족하다고 하였으므로, '용량(容量)'은 저장할 수 있는 정보의 양을 의미한다. **2** 는 물건을 한 번 담고 버리는 용기가 늘어난다고 하였으므로, '용기(容器)'는 '물건을 담는 그릇.'을 의미한다.

글 쓰며 표현力 높여요

본문 37쪽

예시 다른 친구들의 이야기를 경청하고 수용하는 친구가 있어요. 포용력이 있는 만큼 친구들에게 인기도 많아요. 저도 친구들을 포함하여 여러 사람을 이해하고 공감하는 태도를 배우고 싶어요.

08 존경(尊敬)

본문 39쪽

○ '높을 존(尊)'과 '공경 경(敬)'이 들어간 어휘

1 태권도에서는 서로 [경례] 을/를 한 뒤에 경기를 시작합니다.

2 "커피 나오셨습니다." 같은 사물 [존칭] 은/는 우리말의 문법에 맞지 않아요.

3 '종묘 제례악'은 조선의 왕과 왕비를 기리는 의식 음악입니다. 가사나 춤 동작에는 왕을 [공경] 하는 마음이 담겨 있습니다.

4 내가 [자존심] 다 접고 먼저 사과했으니, 이제 그만 화 풀어.

문제로 **어휘** 力 높여요

본문 40쪽

1 **1** 공손히 **2** 남의, 공경

1 '공경(恭敬)'은 '공손히 받들어 모심.'을 뜻하는 어휘이다.
2 '존경(尊敬)'은 '남의 인격, 사상, 행위 등을 받들어 공경함.'을 뜻하는 어휘이다.

2 자존심
'가은'은 남에게 굽히지 않으려는 자신의 마음을 이야기하고 있으며 '나영'은 스스로 품위를 지키는 것에 대해 말하고 있다. 따라서 두 빈칸에는 남에게 굽히지 않고 자신의 품위를 스스로 지키는 '자존심(自尊心)'이 들어가야 한다.

3 존칭하기
'존칭(尊稱)'은 남을 공경하는 뜻으로 높여 부르는 것을 의미하므로 밑줄 친 부분과 바꾸어 쓸 수 있다.

4 ⑤
사진은 학생이 허리를 숙이고 있는 모습이다. 공손하게 인사하고 있는 모습, 또는 감사를 표현하는 모습이라고 볼 수도 있다. 또한 공경의 뜻을 나타내기 위하여 인사하는 경례의 모습이라고 볼 수도 있다. 그러나 무언가에 반대하는 모습이라고 보기는 어렵다.

글 쓰며 **표현** 力 높여요

본문 41쪽

예시 사물에 존칭을 사용하는 표현은 고객을 과도하게 존중하기를 바라는 현상 때문에 생긴 것입니다. 사물을 존대하는 표현을 고치고, 모두가 서로를 존중하는 마음을 갖는 것이 중요합니다.

토론(討論)

본문 43쪽

○ '칠/탐구할 토(討)'와 '의논할 론(論)'이 들어간 어휘

1 실험 결과에서 [결론]을/를 이끌어 내 봅시다.

2 조정에서는 여진족을 [토벌]하기 위해 군대를 출정시켰습니다.

3 찾은 자료를 알기 쉽게 표현했는지 [검토]하고 수정해 봅시다.

4 6.29 민주화 선언에는 [언론]의 자율성을 최대한 보장한다는 내용이 들어 있습니다.

(문제로 **어휘力**높여요)

본문 44쪽

1 매체, 여론

'언론(言論)'은 신문, 잡지, 방송 등의 매체를 통하여 어떤 사실을 밝혀 알리거나 어떤 문제에 대하여 여론을 형성하는 활동을 말한다. 여기서 '여론'은 사회 대중의 공통된 의견이라는 뜻이다.

2 ① 검토 ② 토벌

① 계획을 분석하여 따졌으므로, '검토(檢討)'를 마쳤다고 쓸 수 있다.
② 적군을 우리 군의 강력한 무력으로 쳐서 굴복시켰으므로, '토벌(討伐)' 작전을 펼쳤다고 쓸 수 있다.

3 ⑤

제시된 글에서 '탁상공론(卓上空論)'은 실천이 따르지 않는 이론이라고 하였고, 탁상공론만 하지 말고 현실적 방안을 모색해 보자고 하였으므로, '현실성이 없는 허황한 이론이나 논의.'를 뜻한다고 볼 수 있다. '탁상공론'은 '卓(탁자 탁)', '上(위 상)', '空(빌 공)', '論(의논할 론)'이 쓰인 성어로, 한자를 직접 풀이하면 '탁자 위에서만 펼치는 헛된 논의.'이다.

4 ① 서론 ② 이론

① '결론(結論)'은 최종적으로 판단을 내림, 또는 말이나 글을 끝맺는 부분을 뜻한다. '서론(序論)'은 말이나 글 따위에서 본격적인 논의를 하기 위한 실마리가 되는 부분을 뜻하므로 '결론'의 뜻과는 거리가 멀다.
② '토론(討論)'은 어떤 문제에 대하여 여러 사람이 각각 의견을 말하며 논의한다는 뜻이다. '이론(理論)'은 사물이나 현상의 이치를 논리적으로 일반화한 체계를 뜻하므로, '토론'의 뜻과는 거리가 멀다.

(글 쓰며 **표현力**높여요)

본문 45쪽

예시 저는 후보들의 공약을 꼼꼼히 검토해 보고 1번 후보로 결정했습니다. 1번 후보는 탁상공론이 아니라 실현 가능한 공약을 내세우고 있고, 평소에도 친구들과 토의하는 태도가 보기 좋았기 때문입니다.

10 거부(拒否)

본문 47쪽

○ '막을 거(拒)'와 '아닐 부(否)'가 들어간 어휘

1	거절(拒絕)	☐ 어떤 대상을 물리치지 못하여 좋지 않게 여기는 감정.
		☑ 상대편의 요구, 제안, 선물, 부탁 등을 받아들이지 않고 물리침.
2	항거(抗拒)	☑ 순종하지 않고 맞서서 반항함.
		☐ 힘이 모자라서 막지 못하고 복종함.
3	부인(否認)	☐ 남의 아내를 높여 이르는 말.
		☑ 어떤 내용이나 사실을 옳거나 그러하다고 인정하지 아니함.
4	부정적(否定的)	☐ 그러하거나 옳다고 인정하는 것.
		☑ 그렇지 않다고 단정하거나 옳지 않다고 반대하는 것.

문제로 어휘⼒높여요

본문 48쪽

1 부정적

매사를 안 좋게 바라보는 것과 관련 있으며, 긍정적 측면과 공존한다고 하였으므로 밑줄 친 곳에는 그렇지 않다고 단정하거나 옳지 않다고 반대하는 것을 의미하는 '부정적(否定的)'이라는 어휘를 쓰는 것이 적절하다.

2 도둑이 순순히 범행 사실을 ☐ 하여 구속되었습니다.

'부인(否認)'은 어떤 내용이나 사실을 그렇다고 인정하지 않는 것을 말한다. 따라서 문맥상 무언가를 아니라고 하는 내용이어야 하는데, 도둑이 범행 사실을 순순히 아니라고 하여 구속된다는 것은 의미가 어색하다. 두 번째 문장의 빈칸에는 어떤 내용이나 사실이 옳거나 그러하다고 인정한다는 뜻의 '시인(是認)'이 들어가는 것이 적절하다.

3 ②

'거부(拒否)'는 남의 요청이나 제안 등을 막고 있고, '거식증(拒食症)'은 먹는 것을 막고 있는 것이므로, '거(拒)' 자는 '막다'라는 뜻임을 짐작할 수 있다.

4 **1** 대항 **2** 수락

1 '항거(抗拒)'와 비슷한 뜻인 어휘는 굽히거나 지지 않으려고 맞서서 버티거나 항거한다는 의미의 '대항(對抗)'이다.
2 '거절(拒絕)'과 반대의 뜻인 어휘는 요구를 받아들인다는 의미의 '수락(受諾)'이다.

글 쓰며 표현⼒높여요

본문 49쪽

예시 수학 특강에 대한 거부감에 무조건 거역만 하지 말고, 피아노를 배우는 대신 밤에 한 시간씩 수학 공부를 하겠다고 말씀드리면 어떨까? 적당한 타협점을 찾는다면 엄마도 더는 왈가왈부하시지 않을 것 같아.

독해로 마무리해요 ──────────────────── 본문 50쪽

1 용기

이 글은 '용기 내 챌린지'가 어떤 것인지 소개하면서, 일회용 용기 사용을 줄이면 환경 보호에 도움이 된다고 설명하고 있다.

2 쓰레기의 종류를 검토한다.

글쓴이는 배달 음식을 먹고 나서 나오는 쓰레기가 얼마나 되는지 검토해 보면 일회용 용기 사용 문제의 심각성을 느낄 수 있을 것이라고 하였다. 이 글에서는 단순히 쓰레기의 종류를 검토하는 것에 대한 내용은 언급하지 않았다.

놀이로 정리해요 ──────────────────── 본문 51쪽

뜻풀이에 해당하는 어휘 칸을 색칠하여, 원주민 마을에 들어갈 수 있는 암호를 맞혀 보세요.

암호

ㅊ ㅜ ㅁ

단어 뜻풀이

① 귀를 기울여 들음. - 경청
② 사람의 얼굴 모양. - 용모
③ 공손히 받들어 모심. - 공경
④ 순종하지 않고 맞서서 반항함. - 항거
⑤ 남을 공경하는 뜻으로 높여 부름. - 존칭
⑥ 어떤 사실이나 내용을 분석하여 따짐. - 검토
⑦ 남을 너그럽게 감싸 주거나 받아들임. - 포용
⑧ 비스듬히 기울어짐. 또는 그런 상태나 정도. - 경사
⑨ 강연이나 설교, 음악 등을 듣기 위하여 모인 사람들. - 청중
⑩ 남에게 굽히지 않고 자신의 품위를 스스로 지키는 마음 - 자존심
⑪ 상대편의 요구, 제안, 선물, 부탁 등을 받아들이지 않고 물리침. - 거절

찾았다! 암호는 바로!

춤

부인 (否認)	부정적 (否定的)	포용 (包容)	존경 (尊敬)	경례 (敬禮)
거절 (拒絶)	항거 (抗拒)	경사 (傾斜)	검토 (檢討)	청중 (聽衆)
토론 (討論)	경향 (傾向)	경청 (傾聽)	언론 (言論)	거부 (拒否)
포장 (包裝)	존칭 (尊稱)	포함 (包含)	공경 (恭敬)	토벌 (討伐)
자존심 (自尊心)	미용 (美容)	시청자 (視聽者)	결론 (結論)	용모 (容貌)

11 설치(設置)

○ '베풀 설(設)'과 '둘 치(置)'가 들어간 어휘 본문 53쪽

1 **설계(設計)**
- ☐ 생각나는 것을 일정한 계획 없이 곧바로 그려 내는 일.
- ☑ 목적에 따라 실제적인 계획을 세워 그림 등으로 드러내는 일.

2 **설정(設定)**
- ☑ 새로 만들어 정해 둠.
- ☐ 기존에 있던 것을 따라 함.

3 **위치(位置)**
- ☐ 일정한 곳에 있지 않고 떠돌아다님.
- ☑ 일정한 곳에 자리를 차지함. 또는 그 자리.

4 **배치(配置)**
- ☐ 사람이나 물건 따위를 다른 것으로 바꿈.
- ☑ 사람이나 물건 따위를 일정한 자리에 나누어 둠.

문제로 어휘⑰높여요
본문 54쪽

1 ②
이 문장에서 '놓다'는 '일정한 곳에 기계나 장치, 구조물 따위를 설치하다.'라는 의미로 쓰였다. 따라서 어떤 일을 하는 데 필요한 기관이나 장치를 마련하여 베풀어 둔다는 의미의 '설치(設置)'와 바꾸어 쓸 수 있다.

2 설계
'방치(放置)'는 '내버려 둠.', '배열(配列)'은 '일정한 차례나 간격에 따라 벌여 놓음.', '처치(處置)'는 '일을 감당하여 처리함.' 등을 뜻한다.

3 ②
독도나 각 나라가 그 자리에 있다는 내용이므로, 빈칸에는 일정한 곳에 자리를 차지함을 의미하는 '위치(位置)'가 적절하다.

4 1 배치 2 설정
1 키가 큰 친구도 앞에 앉을 수 있도록 좌석을 일정한 자리에 나누어 둔다는 의미이므로, '배치(配置)'가 적절하다.
2 문맥으로 보아 가설을 새로 만들어 정해 둔다는 의미이므로, '설정(設定)'이 적절하다.

글 쓰며 표현⑰높여요
본문 55쪽

예시 수납 공간이 넉넉하도록 가구를 배치해 주세요. 이리저리 방치돼 있는 제 물건들을 깔끔하게 정리해 둘 수 있게요.

12 대칭(對稱)

○ '대할 대(對)'와 '일컬을 칭(稱)'이 들어간 어휘 본문 57쪽

1 내가 기르는 동물의 애칭 을/를 적어 봅시다.

2 꽃의 빨간색과 잎의 초록색이 대비 되어 꽃이 강조되어 보여요.

3 내가 한 행동 가운데 반성할 점이나 칭찬 할 점이 있는지 생각해 봅시다.

4 친구들과 대화 할 때 짜증난다는 말이나 욕설을 들으면 기분이 나빠져요.

문제로 어휘 力 높여요 본문 58쪽

1 **대화**
고운 말을 사용하여 이야기를 나누어야 한다는 내용이므로, 빈칸에는 마주 대하여 이야기를 주고받음을 의미하는 '대화(對話)'가 적절하다.

2 **1 애칭   2 칭찬**
1 가족들은 나를 나의 이름이 아닌 '순둥이'라고 부르는 상황이므로, 빈칸에는 본래의 이름 외에 친근하고 다정하게 부를 때 쓰는 이름인 '애칭(愛稱)'이 들어가야 한다.
2 친구의 장점을 이야기하는 것과 관련 있으므로, 빈칸에는 좋은 점이나 착하고 훌륭한 일을 높이 평가한다는 의미인 '칭찬(稱讚)'이 들어가야 한다.

3 **같게**

4 **②**
파란색과 노란색의 서로 상반되는 색채를 나란히 배치하여 건물이 강조되어 보이므로, 빈칸에는 '대비(對比)'가 들어가야 한다.

글 쓰며 표현 力 높여요 본문 59쪽

예시 내 성격과 대조되는 성격을 지닌 친구라고 해도, 대화를 나누며 서로를 알아가다 보면 친구의 좋은 점을 찾을 수 있을 거야. 내가 찾은 친구의 좋은 점을 진심으로 칭찬해 주면 친구와의 관계도 지금보다 나아질 거라 생각해.

13 굴절(屈折)

'굽을 굴(屈)'과 '꺾을 절(折)'이 들어간 어휘

본문 61쪽

1 **굴곡(屈曲)**
- ☑ 이리저리 굽어 꺾여 있음.
- ☐ 처음부터 끝까지 반듯하게 뻗어 있음.

2 **굴복(屈服)**
- ☐ 몸을 숙여 옷을 입음.
- ☑ 힘이 모자라서 복종함.

3 **좌절(挫折)**
- ☑ 마음이나 기운이 꺾임.
- ☐ 마음이나 기운이 굳셈.

4 **골절(骨折)**
- ☑ 뼈가 부러짐.
- ☐ 뼈가 튼튼함.

문제로 어휘 力 높여요

본문 62쪽

1 굽은

'굴곡(屈曲)'은 '굽을 굴(屈)'과 '굽을 곡(曲)'을 합하여 만든 어휘로, '이리저리 굽어 꺾여 있음.'을 의미한다. 그러므로 한쪽으로 휜 것을 의미하는 '굽은'과 바꾸어 쓸 수 있다.

2 **1** 골절 **2** 좌절

1 다리를 다쳐 병원에서 붕대를 감았으므로, 빈칸에는 '뼈가 부러짐.'을 의미하는 '골절(骨折)'이 들어가야 한다.

2 결과가 좋지 않았는데도 힘을 내서 다음 기회를 기다렸다는 것으로 보아, 빈칸에는 '마음이나 기운이 꺾임.'을 의미하는 '좌절(挫折)'이 들어가야 한다.

3 ③

탄압에 굽히지 않았다는 내용이므로, '힘이 모자라서 복종함.'을 의미하는 '굴복(屈服)'이 적절하다. ①, ② '대항(對抗)'과 '저항(抵抗)'은 모두 굽히지 않고 버틴다는 의미이다. ④ '반성(反省)'은 자신의 언행에 대하여 잘못이나 부족함이 없는지 돌이키는 것을 의미한다. ⑤ '증가(增加)'는 양이나 수치가 느는 것을 의미한다.

4 서로 다른 물질의 경계에서 빛이 꺾여 나아가는 현상.

'굴절(屈折)'은 빛이나 음파가 서로 다른 물질의 경계면에서 그 진행 방향이 바뀌는 현상을 의미한다.

글 쓰며 표현 力 높여요

본문 63쪽

예시 불굴의 의지로 6학년까지 살아왔다! 좌절과 굴복과 싸우며 누구보다 강한 사람으로 자라기 위해 노력했던 지난 13년의 이야기, 한번 들어볼래?

14

단계(段階)

'구분/수단 단(段)'과 '층계 계(階)'가 들어간 어휘

본문 65쪽

1 요즘은 권위적인 [위계] 질서가 점점 사라지는 분위기이다.

2 도시에는 버스, 지하철과 같은 교통 [수단] 이/가 발달하였다.

3 글의 짜임을 생각하며 각 [문단] 의 중심 문장을 찾아 써 보세요.

4 갑신정변은 양반 [계층] 이/가 주도했지만, 양반들만이 이를 실행한 것은 아니다.

문제로 어휘ヵ 높여요

본문 66쪽

1 문단
긴 글을 내용에 따라 나눈 각각의 짧은 이야기 토막을 '문단(文段)'이라고 한다. 문장이 모여서 한 가지 생각을 나타내고, 이것들이 모여서 한 편의 글이 된다고 했으므로, 빈칸에는 '문단'이 가장 적절하다.

2 **1** 계층 　 **2** 단계

3 ③
지원이가 '지하철을 타고 왔다'고 대답한 것으로 보아, 준이는 지원이에게 '어떠한 방법을 이용해서 왔는지'를 물어보고 있음을 알 수 있다. 따라서 빈칸에는 어떤 목적을 이루기 위한 방법이나 그 도구를 의미하는 '수단(手段)'이 적절하다.

4 등급
과거에는 관료들이 옷 색으로 지위나 계층을 구분하였다는 문장이므로, '위계(位階)'가 지위나 계층 따위의 등급을 이르는 말임을 알 수 있다.

글 쓰며 표현ヵ 높여요

본문 67쪽

예시 아파트 단지 내 쓰레기 무단 투기 문제가 심각합니다. 복도나 계단에도 몰래 쓰레기를 버리는 사람들이 많은데요. 무단 투기 적발 시 내는 벌금을 높이고, CCTV를 추가로 설치하는 등 다양한 수단을 마련해야 합니다.

15 추리(推理)

본문 69쪽

○ '밀 추(推)'와 '다스릴 리(理)'가 들어간 어휘

1	추측(推測)	☑ 미루어 생각하여 헤아림.
		☐ 다른 사람의 의견을 듣고 헤아림.
2	추진(推進)	☐ 목표를 이루기 위해 설득함.
		☑ 목표를 향하여 밀고 나아감.
3	관리(管理)	☐ 상품의 개발, 판매, 홍보 따위의 일을 맡아 함.
		☑ 시설이나 물건의 유지, 개량 따위의 일을 맡아 함.
4	원리(原理)	☑ 사물의 근본이 되는 이치.
		☐ 사물을 만드는 데 필요한 재료.

문제로 어휘力 높여요

본문 70쪽

1 추리
세찬이는 어떠한 내용을 미루어 생각하여 범죄 사건을 해결하는 재미로 소설을 읽는다는 것을 알 수 있다. 그러므로 빈칸에는 알고 있는 것을 바탕으로 알지 못하는 것을 미루어서 생각함을 뜻하는 '추리(推理)'가 적절하다.

2 **1** ㄴ **2** ㄱ

3 추측
벽화를 보고 옛날 생활을 미루어 생각하는 내용이므로, 미루어 생각하여 헤아린다는 뜻인 '추측(推測)'과 바꾸어 쓸 수 있다.

4 추진
'목표를 향하여 밀고[推] 나아감[進].'을 의미하는 것은 '추진(推進)'이다.

글 쓰며 표현力 높여요

본문 71쪽

예시 저는 세종 대왕을 모시고 와서, 한글의 창제와 배포를 추진하시기까지 겪은 일들을 직접 전해 듣고 싶어요. 그럼 우리말을 더욱 이해하고 사랑하게 되는 계기가 될 거예요.

독해로 마무리해요

본문 72쪽

1 실내 장식
이 글은 실내 장식 전문가가 하는 일을 순차적으로 설명하고 있다.

2 ① ○   ② ✕   ③ ○
실내 장식 전문가는 공사가 시작되면 현장에 나가, 설계에 따라 시공이 잘 진행되고 있는지, 문제는 없는지 점검한다고 하였다.

놀이로 정리해요

본문 73쪽

○ 도토리에 적힌 한자가 쓰인 어휘를 골라 미로를 탈출해 보세요.

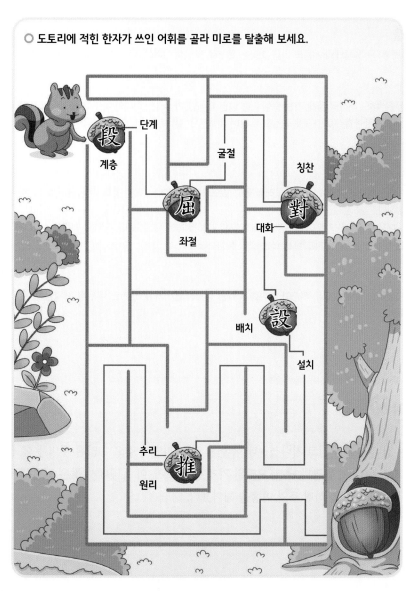

구위(周圍)

본문 75쪽

○ '두루 주(周)'와 '에워쌀 위(圍)'가 들어간 어휘

1	주변(周邊)	☐ 사물의 한가운데. ☑ 어느 대상의 둘레.
2	원주율(圓周率)	☐ 원의 넓이. ☑ 원둘레와 지름의 비율.
3	분위기(雰圍氣)	☑ 그 자리나 장면에서 느껴지는 기분. ☐ 연극에서 해설과 대사를 뺀 나머지 부분의 글.
4	포위(包圍)	☑ 주위를 에워쌈. ☐ 구속이나 억압에서 벗어나게 함.

문제로 **어휘**力 높여요

본문 76쪽

1 둘레, 비율

'원주율(圓周率)'은 '원둘레와 지름의 비율.'이라는 뜻으로, 약 3.14 : 1이다.

2 중심

'주변(周邊)'은 '어느 대상의 둘레.'라는 뜻이므로, 어떤 대상과 가깝다는 의미와 바꾸어 쓸 수 있다. '근처(近處)'는 '가까운 곳.'을 뜻하고, '부근(附近)'은 '어떤 곳을 중심으로 하여 가까운 곳.'을 뜻한다. 그러나 '사물의 한가운데.'를 뜻하는 '중심(中心)'과는 바꾸어 쓰기 어렵다.

3 1 주위　 2 분위기

1 인공위성은 지구의 바깥에서 지구 둘레를 돌고 있으므로, 빈칸에는 '어떤 곳의 바깥 둘레.'를 뜻하는 '주위(周圍)'를 쓰는 것이 적절하다.

2 문장의 내용상 즐거운 기분이 느껴지는 자리에서 대화하였음을 알 수 있다. 따라서 빈칸에는 '그 자리나 장면에서 느껴지는 기분.'을 뜻하는 '분위기(雰圍氣)'를 쓰는 것이 적절하다.

4 포위

두 문장의 밑줄 친 곳에는 모두 적군이 주위를 에워싼 상황이 들어가야 하므로, '주위를 에워쌈.'을 뜻하는 '포위(包圍)'를 쓰는 것이 적절하다.

글 쓰며 **표현**力 높여요

본문 77쪽

예시 평소에는 집 주위를 무심코 지나쳤는데, 주변을 잘 살피면서 걸으니 많은 것이 눈에 들어왔다. 집 근처에서 자라고 있는 나무, 돌담의 낙서, 오래된 가게 등을 보자, 이 동네에서 쌓은 많은 추억이 떠올랐다. 앞으로도 가끔 동네 일주를 하며 추억 여행을 해야겠다.

17 한가(閑暇)

본문 79쪽

○ '한가할 한(閑)'과 '틈/겨를 가(暇)'가 들어간 어휘

1 이번 여름 [휴가]에는 시원한 바다로 떠나 볼까?

2 이곳은 건물이 적고 사람이 많지 않아 [한적]합니다.

3 '정관헌'은 고종 황제가 커피를 마시며 [여가]을/를 즐기던 곳입니다.

4 [농한기]에 접어들면 새끼를 꼬고 줄을 만들어 줄다리기를 준비했어요.

문제로 어휘力 높여요

본문 80쪽

1 **1** 휴가 **2** 한적

2 ①
'한가(閑暇)'는 '겨를이 생겨 여유가 있음.'을 뜻한다. ①에서는 아침부터 할 일이 많았다고 했으므로 '바빴다'나 '분주했다'와 같은 어휘가 들어가는 것이 적절하다.

3 농한기
'농번기(農繁期)'는 '농사일이 매우 바쁜 시기.'를 뜻한다. 이와 뜻이 반대인 어휘는 '繁(번성할 번)' 대신에 '閑(한가할 한)'이 쓰인 '농한기(農閑期)'이다.

4 여가
한가한 시간에 좋아하는 책을 보면서 즐겁게 누리고 있다는 내용이므로, 빈칸에는 '일이 없어 남는 시간.'을 뜻하는 '여가(餘暇)'가 알맞다.

글 쓰며 표현力 높여요

본문 81쪽

예시 이번 휴가 기간에는 자전거를 타는 법을 배우고 싶어요. 한산한 자전거 도로를 마음껏 달리면, 정말 행복한 여가를 보낸 기분일 거예요.

18 혼잡(混雜)

○ '섞을 혼(混)'과 '섞일 잡(雜)'이 들어간 어휘

본문 83쪽

1	혼합(混合)	☑ 뒤섞어서 한데 합함.
		☐ 서로 나뉘어 떨어짐.
2	혼용(混用)	☑ 한데 섞어 쓰거나 아울러 씀.
		☐ 성질이나 종류에 따라 차이가 남.
3	잡곡(雜穀)	☐ 벼의 겉껍질만 벗겨 낸 쌀.
		☑ 보리, 밀, 콩 등의 쌀 이외의 모든 곡식.
4	복잡(複雜)	☐ 몹시 바쁘게 뛰어다님.
		☑ 복작거리어 혼잡스러움.

문제로 어휘力 높여요

본문 84쪽

1 쌀

'잡곡(雜穀)'은 보리, 밀, 콩 등의 쌀 이외의 모든 곡식을 뜻한다.

2 ②

서로 색이 다른 물감을 섞으면 다른 색이 나온다는 내용이므로, 빈칸에는 '뒤섞어서 한데 합함.'을 뜻하는 '혼합(混合)'이 적절하다. ① '혼동(混同)'은 '구별하지 못하고 뒤섞어서 생각함.', ③ '혼탁(混濁)'은 '불순물이 섞이어 깨끗하지 못하고 흐림.', ④ '혼란(混亂)'은 '뒤죽박죽이 되어 어지럽고 질서가 없음.', ⑤ '혼선(混線)'은 '말이나 일 따위를 서로 다르게 파악하여 혼란이 생김.'이라는 뜻이다.

3 1 혼용 2 복잡

4 혼잡하다

'뒤섞여 어수선해졌습니다'와 뜻이 비슷한 어휘로는, '여럿이 한데 뒤섞이어 어수선하다.'라는 뜻의 '혼잡(混雜)하다'가 적절하다. '한적(閑寂)하다'는 '한가하고 고요하다.', '광활(廣闊)하다'는 '막힌 데가 없이 트이고 넓다.'를 뜻한다.

글 쓰며 표현力 높여요

본문 85쪽

예시 교실에서 뛰어다니고 시끄럽게 잡담을 하면 책을 읽거나 다음 수업을 준비하는 다른 친구들에게 방해가 됩니다. 여러 가지 성향의 친구들이 혼합되어 있는 교실이니, 자유로운 쉬는 시간이라도 너무 복잡하지 않도록 질서를 지켜주시면 좋겠습니다.

간략(簡略)

○ '간략할 간(簡)'과 '간략할 략(略)'이 들어간 어휘

본문 87쪽

1 인터넷으로 신선 식품을 [간편] 하게 주문할 수 있어요.

2 볼록 렌즈로 [간이] 사진기를 만들어 물체를 관찰해 봅시다.

3 강조할 부분과 [생략] 할 부분을 정하여 색의 수를 줄입니다.

4 책에서 [중략] (이)라고 된 부분의 내용이 궁금하여 원문을 찾아 읽었다.

(문제로 어휘力**높여요)**

본문 88쪽

1 중간 일부를

엄마는 지영이가 뜻을 모르는 어휘인 '중략(中略)'의 의미를 설명하고 있다. '중략'은 '글이나 말의 중간 일부를 줄임.'을 뜻한다.

2 **1** 간소 **2** 간결하다

1 '간편(簡便)'은 '간단하고 편리함.'을 뜻한다. 이와 뜻이 비슷한 어휘는 '간략하고 소박함.'을 뜻하는 '간소(簡素)'이다. '화려 (華麗)'는 '환하게 빛나며 곱고 아름다움.'을 뜻한다. '혼잡(混雜)'은 '여럿이 한데 뒤섞이어 어수선함.'을 뜻한다.

2 '간략(簡略)'은 '간단하고 짤막함.'을 뜻한다. 이와 뜻이 비슷한 어휘는 '간단하고 깔끔함.'을 뜻하는 '간결(簡潔)'이다. '복잡 (複雜)'은 '복작거리어 혼란스러움.'을 뜻한다.

3 생략

중요한 부분을 줄이거나 빼 버려 이야기 전체 내용이 이해되지 않았다는 내용이다. 그러므로 빈칸에는 '전체에서 일부를 줄이거 나 뺌.'이라는 뜻의 '생략(省略)'이 적절하다.

4 ②

'간이(簡易)'는 '어떤 물건의 내용, 형식이나 시설 등을 줄이거나 간편하게 한 상태.'를 뜻하므로, 단순하고 간략하다는 의미인 '간단(簡單)한'과 바꾸어 쓸 수 있다. ① '정밀(精密)'은 '아주 정교하고 치밀하여 빈틈이 없고 자세함.', ③ '인간(人間)'은 '생각을 하고 언어를 사용하며, 도구를 만들어 쓰고 사회를 이루어 사는 동물.', ④ '상세(詳細)'는 '낱낱이 자세함.', ⑤ '전문(專門)'은 '어 떤 분야에 상당한 지식과 경험을 가지고 오직 그 분야만 연구하거나 맡음.'을 뜻한다.

(글 쓰며 표현力**높여요)**

본문 89쪽

예시 언니가 내게 간단하게 설명해 줬는데, 조금 더 자세히 알려 줄 수 있을까? 지금은 꼭 무언가 생략한 것 같이 이해가 안 돼. 내가 이 문제를 간편하게 해결할 수 있도록 도와줘.

20 각인(刻印)

본문 91쪽

● '새길 각(刻)'과 '도장 인(印)'이 들어간 어휘

1 지렁이는 정확히 네 시 [정각]에 땅 위로 고개를 내밀었어요.

2 '환조'는 입체적으로 [조각]하여 사방에서 감상할 수 있는 기법이다 .

3 금속 활자로 [인쇄]하려면 먹과 종이 만드는 기술이 발달해야 했다.

4 [인상] 깊게 읽었던 장면을 떠올리고 왜 그렇게 생각했는지 까닭을 써 보자.

문제로 어휘 ⼒ 높여요

본문 92쪽

1 정각
'정각(正刻)'은 틀림없는 바로 그 시각을 뜻하는 어휘로, 제시된 사진에는 시계가 3시 '정각'을 가리키고 있다.

2 **1** 인상　　**2** 인쇄
　1 오늘 하루 동안 있었던 일 중에 마음속에 새겨진 일을 떠올려 일기를 썼다는 내용이므로, '어떤 대상에 대하여 마음속에 새겨지는 느낌.'을 뜻하는 '인상(印象)'이 알맞다.
　2 책 중간에 그림이 지워졌다는 것으로 보아 '인쇄(印刷)'가 잘못되었음을 알 수 있다.

3 각인
'머릿속에 새겨 넣듯 깊이 기억됨.'을 뜻하는 '각인(刻印)'이 밑줄 친 내용과 가장 비슷한 뜻을 지닌 어휘이다. '각성(覺醒)'은 '깨달아 앎.', '생각'은 '사물을 헤아리고 판단하는 작용.'이다.

4 ⓒ
ⓒ에서는 나무를 깎아 토끼를 조각한다고 하였으므로, '조각(彫刻)'이 '재료를 새기거나 깎아서 입체 형상을 만듦.'를 뜻한다. ⓐ의 '조각'은 '얼음 한 조각', '케이크 두 조각' 등 '떼어 내거나 떨어져 나온 부분을 세는 단위.'를 뜻한다. ⓑ의 '조각'은 '얼음 조각', '과일 조각' 등 '한 물건에서 따로 떼어 내거나 떨어져 나온 작은 부분.'을 뜻한다.

글 쓰며 표현 ⼒ 높여요

본문 93쪽

예시 은미는 말수가 적어서, 제게 차가운 이미지로 각인돼 있었어요. 막상 대화를 나누어 보니 정도 많고 눈물도 많은 다정한 친구라 인상이 완전히 바뀌었답니다.

독해로 마무리해요

본문 94쪽

1 휴가, 시골

글의 첫 부분에 나와 있듯이 이 글은 부모님의 휴가 기간에 시골로 여행을 가서 기억에 남은 일을 쓴 것이다.

2 ④

① 논밭에서 여러 어른들이 함께 일하고 있었다. ② 여행지는 혼잡하지 않고 분위기가 평화로웠다. ③ 밭에서 일하기 체험은 하지 않았다. ⑤ 점심 식사를 끝낸 후에 공원으로 갔다.

놀이로 정리해요

본문 95쪽

1 ① ①
② 事 ③ 置 ④ 大

② ②
① 階 ③ 季 ④ 設

2 ① ③
① 막을 거 ② 일어날 기 ④ 술 주

② ④
① 젖 유 ② 굽을 굴 ③ 두루 주

3 ① ①
尊(높을 존) +敬(공경 경): 남의 인격, 사상, 행위 등을 받들어 공경함.

② ③
簡(간략할 간) + 略(간략할 략): 간단하고 짤막함.

4 ① ②
夏(여름 하) + 季(계절 계): 여름의 시기.

② ④
推(밀 추) + 理(다스릴 리): 알고 있는 것을 바탕으로 알지 못하는 것을 미루어서 생각함.

5 ① ②
刻(새길 각) + 印(도장 인): 머릿속에 새겨 넣듯 깊이 기억됨.

② ③
討(탐구할 토) +論(의논할 론): 어떤 문제에 대하여 여러 사람이 각각 의견을 말하며 논의함.

6 ①
② 대화 ③ 호칭 ④ 대형

7 ① ②
'混(섞을 혼)'과 뜻이 비슷한 한자는 '雜(섞일 잡)'이다.
① 합할 합 ③ 아닐 부 ④ 가루 분

② ④
'包(쌀 포)'와 뜻이 비슷한 한자는 '圍(에워쌀 위)'이다.
① 얼굴 용 ② 구분/수단 단 ③ 꾸밀 장

8 ④
· 閑(한가할 한) + 暇(틈/겨를 가): 겨를이 생겨 여유가 있음.
· 休(쉴 휴) + 暇(틈/겨를 가): 직장, 학교, 군대 등의 단체에서, 일정한 기간 동안 쉬는 일.
· 餘(남을 여) + 暇(틈/겨를 가): 일이 없어 남는 시간.
① 옳을 가 ② 마디 절 ③ 달 감